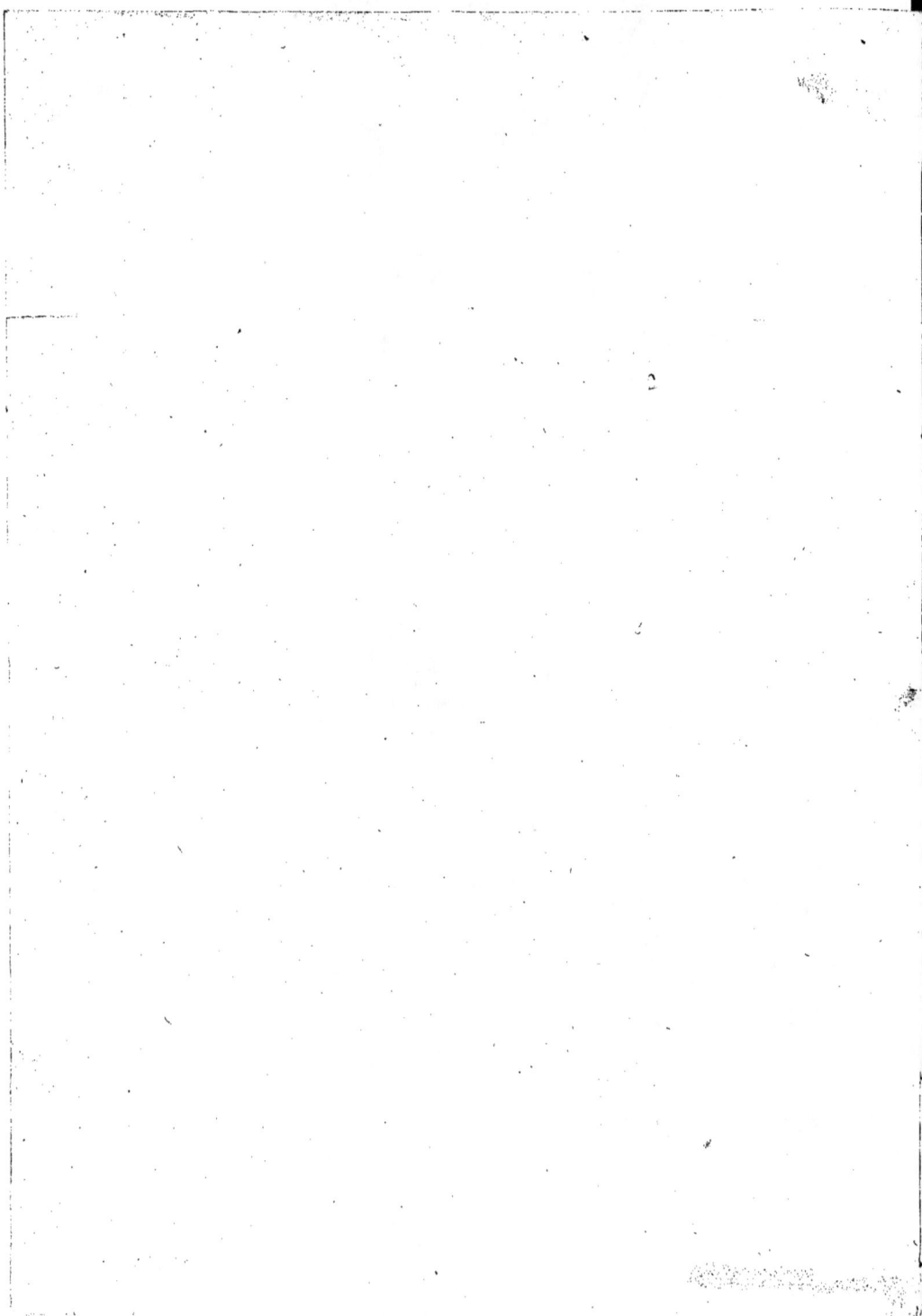

L'ART

DE LA GUERRE SUR MER,

OU

TACTIQUE NAVALE.

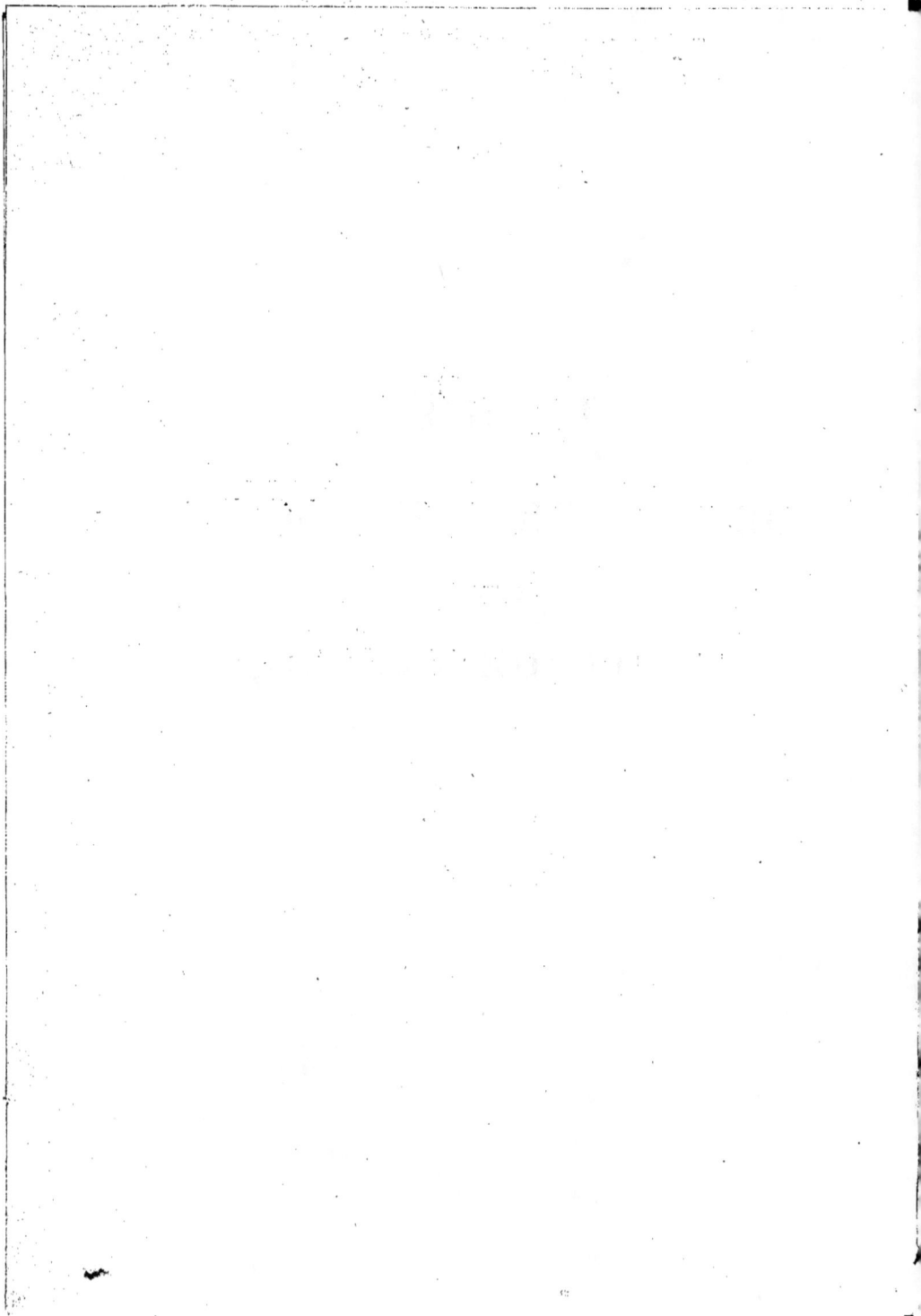

L'ART

DE LA GUERRE SUR MER,

OU

TACTIQUE NAVALE,

Assujettie à de nouveaux principes et à un nouvel ordre de bataille.

PAR M. LE VICOMTE DE GRENIER,

Chef de division des armées navales.

DE L'IMPRIMERIE DE DIDOT L'AÎNÉ.

A PARIS,

Chez Didot fils aîné = Jombert jeune, rue Dauphine.

M. DCC. LXXXVII.

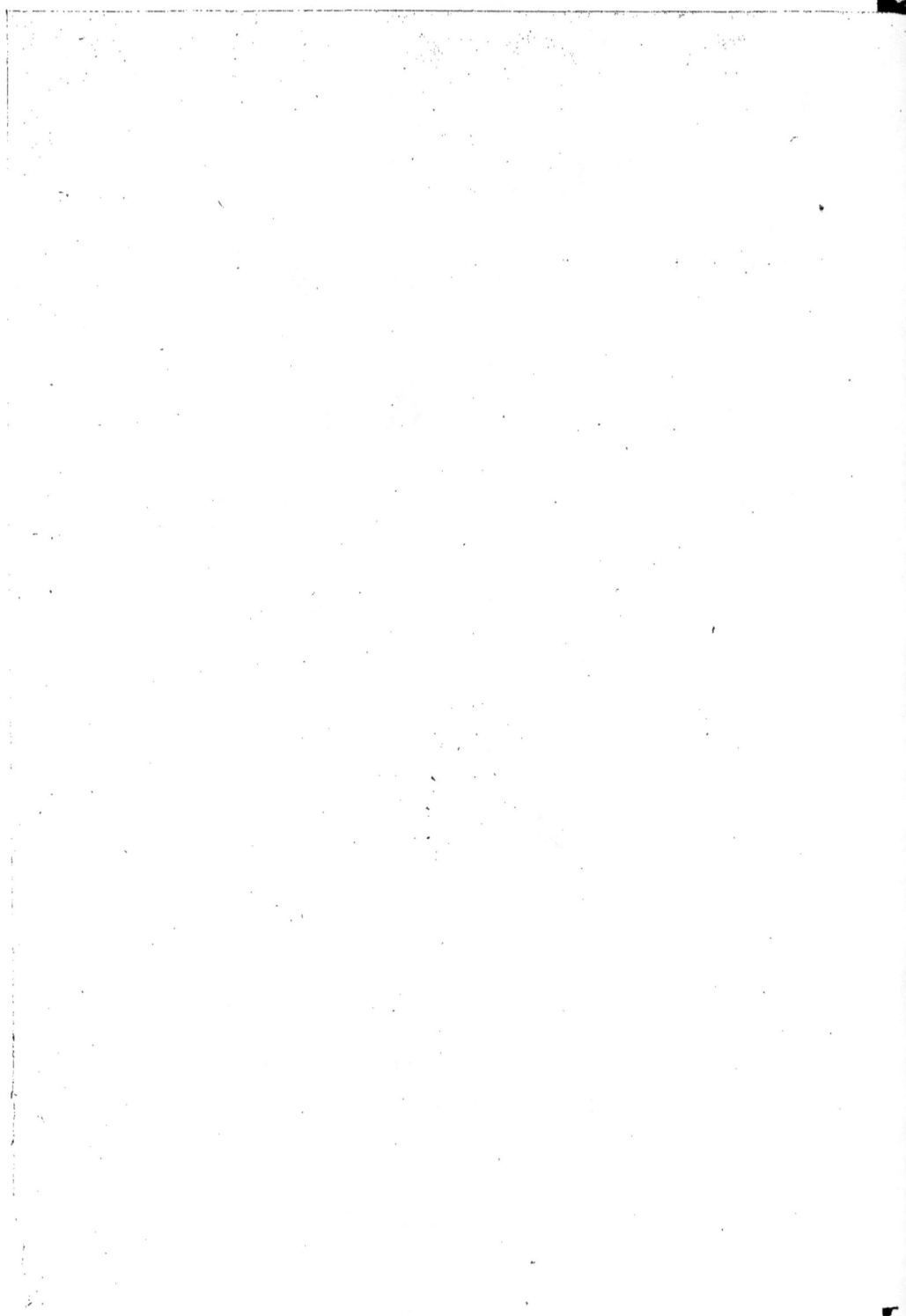

NOUVELLE
TACTIQUE NAVALE.

INTRODUCTION.

*Réflexions préliminaires, et exposition d'un nouvel ordre
de bataille.*

Plusieurs campagnes de guerre sur les armées navales, trois
batailles où je me suis trouvé, l'analyse des tactiques navales, la
lecture attentive des journaux et mémoires sur les manœuvres
de nos armées et sur celles de nos ennemis dans les affaires
dont je n'ai point été témoin, m'ont fait sentir la nécessité de
perfectionner l'art de se défendre et d'attaquer sur mer. Je me
suis livré à cette idée avec d'autant plus d'encouragement que
j'ai entrevu la chose possible.

J'ai envisagé cet art sous un nouveau point de vue, j'ai établi
de nouveaux principes, et je me suis attaché à les déduire d'une
maniere succincte et intelligible. Puissent les officiers qui en
auront connoissance rendre justice à mon intention, s'ils n'ap-
prouvent pas mes idées!

Si des hommes éclairés et sans prévention veulent analyser
mon travail, et qu'ils disent qu'il peut être utile, je sentirai une
douce satisfaction succéder dans mon ame au calme d'une intention pure, et sans autre prétention que celle d'occuper mes
loisirs à la recherche des moyens que voici :

1°. De rendre nulle une partie des forces de l'ennemi, afin de
réunir toutes les siennes contre celles que l'on attaque, ou qui
attaquent, et de vaincre ensuite le reste avec plus de facilité et
de certitude;

A

2°. De ne présenter à l'ennemi aucune partie de son armée qui ne soit flanquée, et où il ne fût combattu et vaincu s'il vouloit se porter sur les parties de cette armée reconnues foibles jusqu'à présent.

L'art de la guerre ne consiste pas seulement dans la bravoure ou l'opiniâtreté des individus; mais il consiste principalement à se rendre maître du champ de bataille, à s'emparer de son ennemi encore en état de défense, ou à le mettre en fuite en lui inspirant de la terreur. C'est ainsi que la gloire d'une nation peut se caractériser, et que la réputation d'un corps militaire peut passer avec raison à l'immortalité.

La nouvelle tactique que je vais proposer est naturellement faite pour confirmer ces vérités utiles, si l'officier général qui commande une armée assujettie à mes nouveaux principes ne perd pas de vue l'objet essentiel que je viens de tracer, et s'il fait en conséquence manœuvrer les différents corps de cette armée de façon à détacher une partie de l'armée ennemie du reste de cette armée, et à tenir au vent cette partie détachée, parceque, dans cette position, elle doit être réduite par toutes les forces réunies de l'armée dans le nouvel ordre, avant qu'elle ne pût être secourue par le reste de l'armée ennemie qui seroit sous le vent. C'est ce que je me propose de prouver incontestablement; et j'espere que cette assertion paroîtra d'autant plus juste, que l'on verra que, dans toutes les circonstances, le commandant général de l'armée n'aura à s'occuper que de deux positions dans l'une et l'autre amure nécessaire aux trois escadres de son armée, d'où résultent quatre ordres généraux dans chaque position, dont la combinaison des mouvements produit plus de 240 positions différentes; en un mot, toutes celles qui peuvent permettre de faire face à l'ennemi très promptement, sans désunion (même après s'être désunis), à tous les points de l'horizon où cet ennemi se présenteroit, soit dans l'attaque, soit dans la défense, au vent, ou sous le vent, où chaque escadre n'auroit jamais d'autre route à faire qu'une de celles du plus près, ou de leur opposé, pour passer d'un ordre à l'autre, et où enfin ces mêmes escadres pourroient facilement se porter ensemble en ordre de combat sur une partie des forces de l'ennemi dans les changemens de vent pendant l'action, qui peuvent au contraire occasionner la perte d'une bataille à une armée, dans l'ordre usité, lorsque ces changemens arrivent dans les mêmes circonstances.

Il me semble que, jusqu'à présent, l'on n'a pas considéré l'art de la guerre sur mer sous ses vrais points de vue, et que les traités de la tactique navale qui ont été publiés par le P. *Hoste*, *M. de Morogues, M. du Pavillon,* et autres, ne servent qu'à enseigner la façon dont les vaisseaux doivent être rangés pour combattre, et non celle d'attaquer avec avantage un ennemi et de s'en défendre le mieux possible.

Je vois que toutes les regles prescrites dans ces traités se ré-duisent à quelques propositions principales, où tous les vaisseaux d'une armée sont rangés sur trois colonnes, ou sur une ligne, vent arriere, ou largue, et enfin sur les angles obtus de chasse ou de retraite, et qu'elles ne servent qu'à faire connoître comment les vaisseaux doivent manœuvrer pour se former sur une seule ligne au plus près, qu'ils ont nommée *l'ordre de bataille,* et pour passer de cette ligne aux différentes positions ci-dessus, qu'ils ont nommées *ordre de marche et de convoi;* que quelques uns même des tacticiens ont considéré l'ordre de bataille sur une seule ligne au plus près comme un ordre invariable (1). Cependant l'expérience a prouvé que si une armée qui est formée sur cette ligne est divisée par un changement de vent, par une attaque vigoureuse de l'ennemi, ou quelque autre cause, les vaisseaux qui en sont détachés n'agissent plus que comme des membres isolés qui n'ont plus de disposition collective (2), et à qui il est presque impossible de se réunir pour former un

---

(1) On peut croire que cet ordre subsistera invariablement tant que les vaisseaux de guerre tireront leurs forces de leurs flancs. (Tact. nav. pour l'armée du roi, commandée par M. le comte de Grasse, pag. 22, paragraphe 2.)

(2) Consultez les mémoires du 12 avril 1782.

nouveau corps et une volonté à l'exécution des ordres du général.

L'expérience a prouvé encore que, de toutes les positions ou
ordres de marche sur trois colonnes dans ces tactiques, on ne
sauroit passer à l'ordre de bataille, à la portée du canon de l'ennemi, sans donner jour à cet ennemi de pénétrer dans la ligne
que l'on veut former, s'il sait profiter des positions désavanta-
geuses où les colonnes doivent se trouver en faisant les mouvements nécessaires à la formation de cette ligne (1).

Elle prouve enfin que, quand l'ennemi n'auroit pas pénétré
dans la ligne pendant qu'elle se forme, il peut, lorsqu'elle est
formée, se porter en nombre supérieur sur une de ses parties,
à l'avant-garde ou à l'arriere-garde, lorsqu'il est au vent, pour
la mettre en désordre (2), parceque les deux extrémités de cette
ligne sont toujours sans défense, et que, vu sa grande étendue,
on ne peut s'y porter, pour les défendre, avec autant de célérité
que l'ennemi qui les attaque.

D'après ces vérités incontestables, il m'a paru nécessaire de
s'écarter des regles prescrites, pour trouver une tactique plus
parfaite où tous les mouvements généraux d'une armée fussent

---

(1) L'étude des évolutions fera sentir, par la difficulté de l'exécution précise,
qu'il faut éviter, autant qu'on le peut, de faire beaucoup de mouvements devant
l'ennemi. Les mouvements rompent presque toujours l'ordre, ils obligent quelquefois l'éloignement ou la séparation de quelques corps, comme lorsqu'on fait
donner vent devant à une division pour s'élever ou pour changer de poste. L'ennemi, attentif, peut profiter de ce moment pour attaquer l'armée avant que son
ordre soit formé. (Tact. nav. de M. de Morogues, pag. 7, paragraphe 2.)

(2) Les Anglois ont sans doute bien jugé de la foiblesse de notre ligne de bataille; car dans les combats d'armées où je me suis trouvé dans les deux dernieres
guerres, ils ont fait leur premier effort sur notre arriere-garde, en s'y portant sans
aucun ordre. Il est même certain que la défaite de M. de Conflans n'a dépendu
que de cette façon d'attaquer son armée; qu'au combat d'Ouessant, et à celui de
la Grenade, où nous avons combattu en ligne et en nombre inférieur à celui de
l'ennemi, nous eussions eu beaucoup de désavantage sans la bonne manœuvre de
M. le comte d'Orvilliers à Ouessant, qui fit de son arriere-garde son avant-garde,
pour aller à l'ennemi au lieu de l'attendre; sans celle de M. de la Motte-Piquet, à la

relatifs à ses positions; où les forces de cette armée fussent disposées de maniere que les deux extrémités d'une ligne de combat
n'eussent plus rien à craindre de la part de l'ennemi; où l'on fût
en état de faire agir les escadres, sans confusion, collectivement
et séparément; où leur séparation ne fût plus regardée comme
un désavantage; où les mouvements de chaque corps pussent se
faire à la portée du canon de l'ennemi, au moment de l'attaque,
sans être exposé à son feu; où enfin toutes les forces d'une armée
fussent disposées de telle sorte qu'elle pût attaquer avec avantage et se défendre le mieux possible. C'est de quoi je me suis
occupé. Mais avant que de faire part de mes idées à cet égard,
je vais faire voir que l'ordre de bataille usité ne peut pas être
convenable à la défense ni à l'attaque, et qu'il ne doit pas être
considéré comme invariable, puisque l'auteur qui a fixé les regles de la tactique reçue, et sur lesquelles toutes les autres ont
été modelées, ne pensoit pas lui-même qu'elle fût telle.

Cet ordre unique, qui représente tous les vaisseaux sur une
seule ligne, au plus près du vent, faisant route dans les eaux les
uns des autres, très serrés entre eux (1), est observé avec d'autant

---

Grenade, qui plia quelques instants à l'attaque de l'ennemi, ainsi que plusieurs
autres vaisseaux de l'arriere - garde, pour se former immédiatement après sur
une ligne plus exacte, et sans la fausse manœuvre des vaisseaux de l'ennemi
dans ce dernier cas, qui, au lieu de s'attacher à cette arriere-garde mise en désordre, l'abandonnerent pour se rallier à leur armée qui se formoit au vent de la
nôtre. Ce n'est donc point à la nature de la ligne de combat que nous devons le
triomphe obtenu sur nos ennemis dans ces différentes actions ; mais c'est à la
capacité de nos chefs, à la fermeté de nos capitaines, et à l'incapacité de l'ennemi que nous avions à combattre.

Je ne parlerai point de la journée du 12, si ce n'est pour la citer comme un
exemple qui prouve que, dans toutes les occasions, les Anglois se portent en
nombre infiniment supérieur sur une seule partie de l'armée de leur ennemi,
dans l'idée qu'après l'avoir détruite ils peuvent plus aisément se rendre maîtres
du reste.

(1) Les vaisseaux doivent présenter le côté, marcher serrés dans les eaux les
uns des autres, et gouverner la ligne du plus près du vent. (Tact. nav. de M. de
Morogues, pag. 5, lig. 6, 7, 8, et 9.)

plus de rigueur, que si, dans l'action, les vaisseaux ne sont pas
rapprochés, et comme enchaînés les uns aux autres, on les croit
exposés à une défaite certaine, et que la plupart des individus,
qui sont persuadés de la nécessité de cet enchaînement intime,
sont alarmés, et même déconcertés, lorsque l'ennemi a pu pénétrer dans cette ligne. Cependant une foule de causes peut
contribuer à la rompre, sans que le commandant de l'armée ni
les commandants particuliers puissent l'éviter, quelles que soient
leur prévoyance et leur présence d'esprit, telle que le démâte-
ment subit de quelques vaisseaux, qui, par cette raison, aban-
donnent nécessairement leurs postes; telle que le défaut de
construction de quelques vaisseaux qui dérivent beaucoup plus
que d'autres, sortent de la ligne sans changer ni de route ni de
manœuvre, et laissent un espace libre pour diviser cette ligne
dans toutes les parties où se trouvent les vaisseaux de cette espece; telle enfin qu'un changement de vent, qui peut donner
jour à l'ennemi de pénétrer dans cette ligne avant que l'ordre y
soit rétabli, sur-tout si les vents lui ont adonné.

Cet ordre de bataille est donc infiniment défectueux dans le
cas où il faut se défendre, puisqu'il ne faut qu'une bordée mal-
heureuse, une déviation involontaire d'un vaisseau mal cons-
truit, et un caprice du vent, pour donner l'avantage à l'ennemi.

Ce n'est pas tout : il l'est encore dans une grande armée par
rapport à la communication des signaux et la facilité que doit
avoir un général de prescrire des ordres convenables à la position de son armée, parceque l'étendue extrême de cette ligne
de combat peut retarder la communication des signaux, et par
conséquent l'exécution de ses ordres, et les rendre même impos-
sibles à exécuter (1); parcequ'il ne peut juger avec précision,
dans un point de vue trop éloigné, des espaces convenables aux

---

(1) Dans le combat, le général se trouve toujours trop éloigné des extrémités
de la ligne pour pouvoir déterminer le moment d'exécuter la manœuvre. (Tact.
nav. pour servir à l'armée de M. le comte d'Orvilliers, pag. 10, instruction IV,
lig. 26.)

différentes manœuvres qu'il peut ordonner. Mais considérons maintenant cette ligne de bataille par rapport à l'attaque.

La dépendance absolue et étroite dans une ligne de bataille, depuis le chef de file jusqu'au serre-file, qui doivent la rendre plus forte sur la défensive, lorsqu'aucune de ses parties n'a souffert de funestes effets des causes indiquées ci-dessus, lui donne une inertie absolument nuisible quand il est question de livrer combat.

Si l'ennemi est en force inférieure et s'il prend la fuite, il dirige naturellement sa route à l'aire du vent où il croit avoir la marche la plus avantageuse ; il arrive même quelquefois que chaque vaisseau force de voiles sans avoir égard à aucun ordre de marche qui pourroit gêner sa fuite (1) : alors l'armée qui poursuit ne peut raisonnablement observer la ligne de bataille en chassant l'ennemi ; car, pour le joindre nécessairement, il faut, ainsi que lui, mettre toute la voilure possible, et faire route à toutes les aires du vent prescrites par chacune des routes des vaisseaux qui sont poursuivis : cet ordre de bataille est donc inutile en pareil cas.

Si l'on suppose l'armée ennemie de force égale, et disposée à recevoir le combat, comment pourra-t-on l'attaquer avec avantage si l'on ne se porte point en nombre supérieur sur son arriere-garde pour faire en sorte de rompre sa ligne, ou la mettre en désordre ? mais, dans ce cas, n'est-on pas encore obligé de négliger l'ordre de bataille usité ?

Si enfin, au lieu de se porter en nombre supérieur sur une des extrémités de la ligne du combat, on veut prolonger cette ligne au vent pour lui présenter un égal front de bataille, depuis

---

(1) Le jour même de l'affaire de M. de Conflans, avant qu'on eût apperçu l'armée ennemie commandée par l'amiral Wock, on trouva au point du jour, sur Belle-Isle, une escadre angloise de huit vaisseaux qui s'échapperent de la poursuite de l'armée françoise en n'observant aucun ordre dans leur fuite, qu'ils prirent à toutes les aires des vents, depuis l'ouest jusqu'au nord-est, les vents étant au N. N. O.

le chef de file jusqu'au serre-file, de sorte que chaque vaisseau
d'une de ces lignes réponde à chacun des vaisseaux de la ligne
ennemie, qu'en peut-il résulter, si ce n'est une action livrée aux
coups du hasard (1), où le chef le plus habile ne peut faire exécuter aucune manœuvre générale pour sauver une partie de son
armée qui seroit endommagée, sans en exposer une autre à sa
défaite en lui faisant faire les mouvements nécessaires sous le
feu de l'ennemi (2)? aussi voit-on qu'une action de cette espece
reste toujours indécise, parcequ'après beaucoup de coups donnés et reçus de part et d'autre, les généraux continuent à s'observer jusqu'à la nuit, dont le moins opiniâtre profite pour s'é-
loigner par quelque manœuvre inattendue, comme l'ont fait
Keppel à Ouessant, et Byron à la Grenade.

Enfin cet ordre de bataille, qui peut exposer l'armée qui
attaque aux mêmes inconvénients que celle qui se défend, par
rapport à la communication des signaux, au caprice du vent, et
à l'incertitude de l'espace convenable aux mouvements, qui ne
permet point d'attaquer l'ennemi avec l'avantage de supériorité
sans être forcé de ne point avoir égard à ce même ordre, est
donc aussi contraire à l'attaque qu'il est défectueux dans la défense : mais remontons au principe sur lequel on s'est déterminé
à fixer l'ordre de bataille *sur une seule ligne*, et voyons si cet
ordre peut être regardé comme invariable.

Le traité de tactique de M. de Morogues, qui a été rédigé sur
ceux qui l'ont précédé, sur lequel tous les autres se sont mo-
delés, et qui a servi long-temps de livre classique aux écoles des
gardes de la marine à Brest, commence par la définition sui-
vante :

« La tactique navale est l'art de ranger les armées dans l'ordre
« qui convient, et de régler leurs mouvements. Ce n'est point une

---

(1) Il n'y a point d'affaire décisive à la mer, c'est-à-dire d'où dépende entièrement la fin de la guerre. (Tact. nav. de M. de Morogues, pag. 9, lig. 29.)

(2) Tact. nav. de M. de Morogues, pag. 7, parag. 2, lig. 22.

« science

« science établie sur des principes absolument invariables, etc.»

Cet auteur parcourt ensuite les différentes manieres de combattre des anciens, et fait voir que l'usage des canons oblige nécessairement à combattre en ligne, parceque toutes nos armes, offensives et défensives, sont placées sur les flancs de nos vaisseaux, au lieu que celles des anciens étoient à la proue (1). Il établit enfin pour une regle constante, que, dans l'ordre de bataille, les vaisseaux doivent présenter le côté à l'ennemi, marcher serrés dans les eaux les uns des autres, et gouverner dans la ligne le plus près du vent.

Cette regle doit donc être considérée comme la premiere de toutes celles de la tactique, parceque, dans cette position, il n'y a que le chef de file et le serre-file qui soient exposés à l'enfilade, le premier par la proue, et le dernier par la pouppe. Mais comme ces deux vaisseaux, placés aux extrémités de la ligne de combat, sur-tout le serre-file, se trouvent presque toujours attaqués et sans défense, comment n'a-t-on pas vu que l'ordre de bataille sur une seule ligne n'étoit pas l'ordre le plus avantageux que l'on pût observer? C'est cependant ce qui paroîtra fort sensible lorsque j'aurai fait connoître la nouvelle façon dont j'ai imaginé de disposer les forces de l'armée, où ni le chef de file ni le serre-file d'une ligne de combat ne sont pas exposés à recevoir le feu de l'ennemi en enfilade sans être secourus promptement, où les escadres, marchant en ordre dans un très petit espace, sont plus à portée de distinguer les signaux, de se secourir mutuellement, et d'exécuter leurs mouvements.

---

(1) L'ordonnance des armées devoit changer avec les armes. Celles des anciens rendoient les dispositions assez indifférentes : on regardoit cependant comme un avantage d'avoir le vent sur l'ennemi, et qu'il eût le soleil au visage.

L'ordre des batailles dépendoit de la mobilité des vaisseaux, et des ruses que les généraux méditoient. Tous les vaisseaux étant à rames, ils baissoient leurs voiles pour combattre, ils présentoient la proue à l'ennemi, et ils s'avançoient les uns contre les autres à force de rames. (Tact. nav. de M. de Morogues, pag. 3, parag. 1.)

B

Si l'on s'étonne, au reste, de cet exposé, et qu'avant de m'entendre on veuille le juger à mon désavantage, j'ajouterai que, quoique cette disposition d'armée soit entièrement différente de celles indiquées dans les tactiques anciennes et modernes (1), elle est en quelque sorte autorisée par M. de Morogues lui-même, lorsqu'il dit, page 51, chap. 7, lig. 32 : « C'est au général « à décider de ses manœuvres, et à voir s'il ne lui seroit pas éga-« lement avantageux de faire fondre sur les corps respectifs de « l'armée ennemie son armée divisée en trois corps, et un peu « séparée, ou d'attaquer l'ennemi par division». En conséquence je vais proposer un nouvel ordre de bataille où l'armée, composée de trois corps, sera rangée sur trois côtés d'une losange réguliere, formée par la rencontre des deux lignes du plus près, au lieu d'être sur une seule ligne comme dans l'ordre de bataille usité, et où un des corps sera toujours rangé en ordre de combat, tandis que les deux autres, appuyés sur le chef de file et le serre-file de ce corps, seront formés sur la ligne du plus près opposé, et feront route en échiquier (2) à la même amure que les vaisseaux qui sont en ligne de combat.

---

(1) Les armées étoient quelquefois rangées sur deux ou trois lignes droites paralleles ; rarement elles étoient sur une seule ligne, à moins qu'elle ne fût en croissant. (Tact. nav. de M. de Morogues, pag. 3, lig. 32.)

(2) Comme je ne serois point étonné que quelques marins se récriassent qu'il est très difficile aux vaisseaux d'une ligne de conserver leur poste en échiquier, et que c'est un obstacle à l'admission d'une nouvelle tactique, il me sera facile de leur répliquer d'une maniere péremptoire, en leur disant:

1°. Que si cette raison étoit suffisante pour rejetter mes idées, la tactique usitée devroit l'être avec plus de raison, puisque, sur les seize positions qui servent de base à cette tactique, il y en a la moitié où les vaisseaux sont rangés en échiquier; 2°. qu'on ne peut passer des autres positions restantes à l'ordre de bataille, sans que les vaisseaux de chaque colonne fassent route en échiquier. Mais au surplus, comme on a fixé l'ordre de bataille au plus près du vent, et que, sur la surface de l'horizon, la boussole nous désigne dix-huit routes largues contre deux routes au plus près, on ne peut évoluer sur toute cette surface qu'en suivant les différentes routes ou les aires de vent qui en dérivent; et l'on est obligé, pour parcourir l'espace de cet horizon dans tous les points de façon à être à portée

Dans cette position, les deux corps dont les vaisseaux feront route en échiquier seront destinés à couvrir le chef de file et le serre-file de la ligne de bataille, à empêcher l'ennemi de pénétrer dans cette ligne (lorsque, par les raisons déduites ci-dessus, il en auroit la facilité), à écarter l'ennemi s'il vouloit doubler l'arriere-garde pour la mettre entre deux feux; et ils pourront enfin se porter très promptement sur un des corps de l'armée ennemie pour le détacher du reste de cette armée, afin de combattre cette partie détachée avec tout l'avantage possible : c'est ce qu'on connoîtra très particulièrement dans la section des ordres généraux, et dans celle de l'essai sur les manœuvres de guerre.

Je diviserai cette tactique en cinq sections.

La première contiendra l'explication de quelques termes usités, ainsi que de ceux dont je donne une nouvelle définition;

---

de se ranger le plus promptement possible en bataille, de faire route en échiquier sur une ligne du plus près. D'après cette vérité incontestable, l'objection ne devroit produire aucun effet contraire à ce que je propose, sur-tout si l'on veut faire attention qu'il sera plus facile qu'on ne pense de se maintenir dans l'ordre d'échiquier dont je parle, parceque les deux corps seront appuyés sur deux points fixes, le chef de file et le serre-file de la ligne de bataille, et que si chaque vaisseau veut seulement se tenir, par rapport au vaisseau le plus près de lui et au vent à lui, de façon à se trouver sur la même ligne et dans ses eaux s'il couroit le bord opposé, ils seront assurés de se trouver en ligne de bataille après avoir reviré de bord.

Il importe au reste fort peu que celui des vaisseaux qui est sous le vent de l'autre soit exactement dans le point précis de cette évolution ; il sera toujours bien à sa place, dès que, revirant de bord, il pourra porter largue sur le vaisseau dont il est le plus près et qui est au vent à lui, en observant néanmoins que les vaisseaux intermédiaires de l'escadre de dessous le vent ne dépassent pas le lit du vent par rapport au chef de file de la seconde escadre, parceque c'est le poste de serre-file de cette escadre de dessous le vent.

Au surplus, chacun de ces vaisseaux manœuvrant selon cette méthode, l'ordre d'échiquier sera facile à conserver, ou sera tout au moins utile à son objet ; ainsi donc toute espece d'objection à cet égard doit être sans nul effet.

mais je ne ferai de figures démonstratives que pour ceux-ci, parceque je ne compte parler qu'à des marins instruits.

La seconde est destinée à faire connoître les ordres généraux et leur utilité.

La troisieme fera voir le développement de tous les ordres généraux, et toutes les évolutions nécessaires pour passer de chacun de ces ordres à tous les autres.

La quatrieme fera sentir les avantages du nouvel ordre de bataille, et traitera d'un essai sur les mouvements de guerre.

La cinquieme enfin fera connoître les mouvements avantageux que peut faire une armée dans le nouvel ordre, qui combat contre une armée rangée dans l'ordre usité, lorsque les vents viennent à changer.

Je me propose, au surplus, d'ajouter à cet ouvrage, par la suite, les nouvelles idées qui pourront s'offrir à mon esprit, d'après l'expérience, soit par rapport à une maniere plus parfaite d'exécuter les mouvements, soit par rapport aux signaux.

SECTION PREMIERE.

Explication de quelques termes usités dans la Tactique, et définition de ceux dont je ferai usage dans les nouvelles évolutions que je propose.

I. *De la boussole.*

On sait que la boussole, qui sert de guide aux marins pour diriger leur route d'un point à un autre, est divisée en trente-deux parties, de 11 degrés 15 minutes chacune, que l'on nomme rumb, quart de vent, aire de vent; que l'aiguille aimantée désigne le nord, qui est le point essentiel de cette boussole et de toutes ses divisions; mais que, pour faciliter la dénomination de toutes les parties du cercle, on l'a supposée partagée en quatre parties de 90 degrés chacune, dont la graduation commence au nord, à l'est, au sud, et à l'ouest, et dont tous les autres rumbs de vent reçoivent les noms qui les distinguent entre eux.

On sait également que cette boussole sert à désigner la route que fait le vaisseau, le point d'où vient le vent, et dans quel point ou direction un observateur quelconque apperçoit un objet, de quelque côté qu'il soit, sur la surface de l'horizon, ou dans le firmament.

II. *De l'horizon.*

On sait encore que l'on considère le cercle de l'horizon de la même maniere par rapport au mouvement particulier d'un vaisseau et aux manœuvres générales d'une armée; mais que, dans ce cas, on le divise en deux parties égales de 180 degrés chacune, qui commencent au lit du vent, et finissent au point de l'horizon opposé; que c'est d'après cette graduation que la ligne du plus près, la perpendiculaire à cette ligne, la perpendiculaire au lit du vent, ont été déterminées. Il me semble néanmoins qu'il y a

une autre maniere de concevoir cet horizon, qui seroit plus con-
forme aux routes que l'on peut tenir dans le cercle, et plus convenable à l'art de la guerre sur mer. Voici quelle est mon idée à
ce sujet.

III. *De l'horizon, et de ses parties, sous une nouvelle dénomination.*

Le cercle de l'horizon, pour un objet quelconque, change
nécessairement chaque fois que cet objet change de place ; il en
occupe toujours le centre ; et le lit du vent, qui semble être fixé
à un point de cet horizon, change aussi de place successivement comme l'objet change de centre, quoique dans le fait le
vent vienne toujours de la même aire de vent de la boussole, par
rapport à cet objet, lorsqu'il ne change point de direction : ainsi
un vaisseau, chaque vaisseau d'une armée, chaque individu
même de ce vaisseau ou de cette armée, occupe toujours nécessairement le centre d'un horizon ; c'est une vérité évidente.
Mais pour avoir une idée juste des évolutions des vaisseaux qui
agissent seuls ou collectivement, il est indispensable de considérer cette vérité comme un principe qu'on ne doit jamais
perdre de vue ; en conséquence je conçois le cercle de l'horizon
divisé en deux parties inégales au lieu de deux parties égales
(*Fig.* 1) : l'une où le vaisseau, placé au centre de cet horizon,
peut facilement présenter le cap et faire voile sur vingt rumbs de
vent de la boussole, ou deux cents vingt-cinq degrés, en suivant
toutes les routes directes possibles du centre de cet horizon vers
tous les points de la circonférence depuis une des routes du
plus près jusqu'à l'autre, en s'écartant successivement de l'une
jusqu'au vent arriere, et en se rapprochant ensuite de l'autre
route du plus près, en s'éloignant du vent arriere ; l'autre où
le vaisseau, placé au même centre, ne peut présenter le cap
qu'à douze aires de vent de la boussole, du côté du lit du
vent, quand on le fait lancer vers ce côté à l'aide du gouvernail et des voiles, sans qu'il puisse cependant se mouvoir vers

aucune de ces douze parties de l'horizon. Je nommerai, par cette raison, la premiere de ces parties l'*espace direct et gradué*, parcequ'on peut désigner dans cet espace toutes les routes à suivre par degrés depuis chacune des lignes du plus près jusqu'au vent arriere, et que si l'on veut aller à un point de la surface du globe fixé sur cette partie de l'horizon, on peut y faire une route directe du centre d'où l'on part au point où l'on veut aller, à quelque aire du vent, dans cet espace, que soit placé ce point. Je nommerai la seconde l'*espace indirect, croisé et non gradué*, parcequ'un vaisseau ne peut y faire route du centre à la circonférence de l'horizon, depuis le sixieme rumb de vent de la boussole, d'un et d'autre côté, jusqu'au lit du vent, et qu'il est obligé, pour arriver à un des points de la surface du globe fixé sur cette partie, de suivre une des deux lignes du plus près, ou toutes les deux alternativement, et de faire par conséquent des routes croisées qui doivent nécessairement retarder le succès de ses recherches.

C'est d'après cette nouvelle division de l'horizon en deux parties inégales, que je ferai sentir le vrai moyen de détruire les forces de l'ennemi et de rendre les affaires décisives.

Car si l'on suppose une armée disposée de telle sorte qu'il ne puisse y avoir qu'une partie de cette armée qui combatte sous le vent contre une autre armée égale en nombre de vaisseaux, rangée au vent sur une seule ligne; par exemple, que les trois escadres de cette armée sous le vent soient rangées sur trois côtés d'une losange (*Fig.* 2) *ab, cd, ef*, l'escadre *ab*, qui est plus au vent de toutes, étant rangée en bataille, ne pourra jamais être combattue que par un nombre égal de vaisseaux AB de l'armée du vent AB, CD, F, tandis que le reste seroit dans l'inaction, à moins que les vaisseaux qui ne combattent point ne cherchent à passer sous le vent de l'armée *ab, cd, ef*, qui est déja sous le vent. Mais si ces vaisseaux du vent ont pris le parti d'arriver, n'est-il pas certain que les vaisseaux placés de A en B, qui combattent au vent, et qui ne peuvent point arriver comme les autres vaisseaux qui sont de C, 1, en F 1, doivent être considérés, par rapport à ceux-ci, comme une escadre placée dans la partie difficile et croisée de l'horizon, à laquelle ces derniers ne peuvent plus parvenir qu'en faisant alternativement les routes du plus près, qui doivent retarder infiniment le secours dont les vaisseaux de cette escadre AB peuvent avoir besoin? Or si, dans ce cas, les deux autres escadres *cd*, *ef*, de l'armée dans le nouvel ordre, qui ne combattoient point, s'élevent au vent et se réunissent à l'escadre *ab* contre celle de l'ennemi qui est au vent (*Fig.* 3), n'est-il pas certain que cette escadre AB de l'ennemi, qui est au vent, doit être détruite avant que d'être secourue par le reste de cette armée qui est sous le vent, depuis le point C, 1 jusqu'au point F, 1?

Je pense donc que l'art de la guerre sur mer doit consister principalement à tâcher, par ruses, ou par le genre des évolutions, à attirer ou à contenir au vent d'une armée une partie de cette armée, et à pouvoir réunir toutes ses forces contre cette partie. C'est un principe incontestable (1), et c'est celui qui m'a déterminé à donner une définition des parties de l'horizon pour faire sentir l'utilité de ce principe; il me fait même voir l'erreur dans laquelle on est généralement de donner pour une regle indispensable de s'attacher à gagner le vent à un ennemi que

---

(1) Il est très généreux, sans doute, de combattre un ennemi avec des forces égales aux siennes : les regles de la tactique usitée semblent avoir été établies sur cette opinion, si l'on consulte M. de Morogues à ce sujet, pag. 47, paragraphe 4, art. 57, sur la maniere dont une armée qui est au vent doit manœuvrer pour aller attaquer celle qui est sous le vent : mais nos ennemis sur mer nous ayant appris dans les deux dernieres guerres que cette générosité ne doit plus avoir lieu dans les querelles d'état, puisqu'ils ont toujours voulu se porter sur une des parties de nos armées en nombre infiniment supérieur à cette partie, ce seroit, je pense, une erreur que de ne pas agir de même.

Au surplus, il n'y a pas encore un siecle qu'il étoit d'usage d'attendre son ennemi en panne lorsqu'il cherchoit à combattre ; c'est un point de délicatesse qui rendoit les abordages faciles et fréquents : mais cette façon de manœuvrer donnoit trop d'avantage à son ennemi, l'on est revenu de cette erreur.

l'on

l'on veut combattre, et même qu'elle est la source de cette erreur.

Les anciens, qui combattoient à la rame, avoient toutes leurs armes offensives à la proue de leurs vaisseaux; ils attaquoient l'ennemi en présentant un éperon qui étoit placé à cette proue, et en venoient aux mains après s'être abordés. Pour faciliter cette attaque, il falloit nécessairement qu'ils fussent au vent de cet ennemi, parceque l'impulsion de la lame accéléroit la vîtesse que la force des rameurs donnoit à leurs vaisseaux.

Cette impulsion de la lame étoit absolument contraire à tous les efforts du vaisseau sous le vent. Pour attaquer celle du vent, il falloit donc nécessairement alors disputer à cet ennemi le vent le plus qu'il étoit possible, afin d'avoir sur lui un avantage réel. Mais ce ne peut être que par une idée admise sans réflexion que l'on a perpétué cette regle jusqu'à nos jours, où la construction de nos vaisseaux, et les armes offensives et défensives, exigent de présenter le flanc au lieu de la proue à l'ennemi; et c'est ce que l'on sentira comme moi, si l'on veut comparer les avantages des armées au vent à ceux d'une armée sous le vent (1): on verra que la position au vent n'est avantageuse que pour une armée beaucoup plus foible que celle de l'ennemi, et qui est obligée de le fuir pour éviter une action; mais qu'il est très important pour une armée qui veut combattre un ennemi de force égale, et qui est disposée à recevoir l'action, de se tenir sous le vent de cet ennemi, parceque les vaisseaux de cette armée peuvent se servir librement de tous les canons de leur premiere batterie, qui très souvent servent peu, ou point du tout, aux vaisseaux qui combattent au vent, sur-tout à la fin d'une croisiere, à cause des consommations de vivres et munitions qu'on ne peut remplacer, et dont le poids en moins dérange et détruit une partie de la stabilité (2), parceque l'armée sous le vent ne laisse à

---

(1) Voyez M. de Morogues, Tact. nav.
(2) Après la bataille d'Ouessant, M. le comte d'Orvilliers fit dire, par les

C

l'armée ennemie qui est au vent, et qui seroit battue, aucun moyen de fuir sa perte, ni de mettre à couvert du feu de l'ennemi ceux de ses vaisseaux qui seroient désemparés, ainsi que peut le faire l'armée qui est sous le vent (1). Le seul désavantage réel que puisse éprouver celle-ci est la fumée qui se concentre dans les entre-ponts; mais il est possible d'y remédier en faisant évacuer cette fumée par des moyens faciles à prévoir et à pratiquer.

IV. *Rumbs, aires de vent, ou quart de vent.*

On nomme *rumb de vent*, ou *quart de vent*, chacune des trente-deux parties de la boussole par rapport aux différentes directions que l'on attribue au lit du vent, et aire de vent, celle de ses parties que l'on veut désigner par le nom qui lui est fixé sur cette boussole, en y ajoutant des degrés. Ainsi, lorsque l'on demande, à quelle aire de vent releve-t-on tel objet? on répond, à tel rumb de vent un, deux, trois, quatre degrés, etc. selon le point de la boussole où ce point correspond par une ligne droite tirée du centre : d'où il résulte qu'un rumb de vent, ou un quart de vent, est toujours une trente-deuxieme partie du cercle, et que sa mesure est de 11 degrés 15 minutes, et que l'aire de vent peut avoir la même dénomination qu'a ce rumb de vent, jusqu'à 11 degrés 14 minutes au-delà ; car on pourroit dire, tel objet se releve au nord ou au sud, 11 degrés 14 minutes, est ou ouest, si la division du cercle de la boussole pouvoit permettre d'observer avec cette précision. La mesure d'un rumb ou quart de vent est donc toujours sous-entendue de 11 degrés 15 minutes seulement,

---

frégates et corvettes de l'armée, à tous les vaisseaux de cette armée, que son intention étoit de conserver le poste de dessous le vent dans le combat qu'il vouloit livrer le lendemain, parcequ'il s'étoit apperçu pendant l'action, où notre armée étoit au vent de celle de l'ennemi, que plusieurs de nos vaisseaux n'a-voient pas pu se servir de leur premiere batterie : ainsi je crois que cette consi-dération est si importante dans la guerre, qu'elle ne peut être balancée par au-cune autre.

(1) Voyez M. de Morogues, Tact. nav. chap. III, pag. 26, fig. 23.

et celle d'une aire de vent doit principalement être donnée pour être connue. Enfin le rumb ou quart de vent doit se rapporter aux parties de la boussole, et l'aire du vent à la route que doit suivre un vaisseau, à celle qu'il suit, au point de l'horizon où se présente un objet, et à celui où il présente le cap.

V. Route.

La route est l'aire de vent que le vaisseau suit ou doit suivre.

VI. Lit du vent.

Le lit du vent est le rumb de la boussole que parcourt le vent, d'un point de la circonférence de l'horizon au point opposé, en passant par le centre.

VII. Perpendiculaire du vent.

La perpendiculaire du vent est le rumb de la boussole qui fait un angle droit avec le lit du vent en passant par le centre de l'horizon.

VIII. Le plus près.

Le plus près est la route directe la plus rapprochée du lit du vent, où le vaisseau puisse mettre le cap et qu'il puisse suivre. La section de cette route avec le lit du vent est toujours supposée faire un angle de six rumbs de la boussole. Cette route se rapporte au cercle de l'horizon, et sa dénomination est fixée par la boussole. On en compte deux : celle du plus près, stribord ; et celle du plus près, babord.

IX. Vent arriere.

Le vent arriere est la route directe que suit ou que doit suivre un vaisseau ; elle est la plus éloignée de celle du plus près. Le vaisseau, dans cette position, présente la pouppe au vent : on dit qu'il a le vent arriere, ou le vent entre les deux écoutes.

C ij

X. *Vent largue.*

Toutes les routes directes ou les aires de vent que peut suivre un vaisseau, entre les routes du plus près et celles du vent arriere, sont toutes des routes largues.

XI. *Tenir le vent.*

On tient le vent quand on quitte une route vent arriere ou largue pour présenter au plus près.

XII. *Venir au vent.*

On vient au vent quand on présente le cap à une aire de vent plus rapprochée du plus près que la route qu'on faisoit. On fait connoître, par le nombre des aires de vent, la quantité dont un vaisseau est venu ou doit venir au vent.

XIII. *Arriver.*

Un vaisseau arrive quand il présente le cap à une aire de vent plus éloignée du plus près que la route qu'il faisoit. On fait connoître aussi, par le nombre des aires de vent, la quantité dont un vaisseau arrive ou doit arriver.

XIV. *Donner vent devant.*

Donner vent devant, c'est l'action de pousser la barre du gouvernail sous le vent, de larguer les écoutes de foque, et de border l'artimon pour faire lancer le vaisseau vers le lit du vent à dessein de virer vent devant.

XV. *Virer vent devant.*

On vire vent devant quand on passe d'une des routes du plus près à l'autre, en lançant dans l'espace croisé de l'horizon le vaisseau vers le lit du vent, où il reçoit directement le vent sur les voiles, à l'aide duquel il abat sur l'autre bord pour changer d'amures.

XVI. *Virer vent arriere.*

Un vaisseau vire vent arriere quand il passe d'une des routes du plus près à l'autre en présentant successivement le cap vers tous les points de l'espace direct de l'horizon, qu'il s'éloigne de cette route jusqu'au vent arriere, et qu'il tient ensuite la route du plus près du bord opposé.

XVII. *Panne.*

Un vaisseau est en panne quand il a des voiles disposées à recevoir le vent pour le faire avancer, et d'autres brassées sur le mât pour produire un effet contraire ; en sorte que le vaisseau ne peut plus aller de l'avant, mais seulement dériver par le côté.

Il y a deux manieres de mettre en panne : dans l'une on brasse le petit hunier sur le mât, et l'on fait porter le grand hunier; dans l'autre, au contraire, on fait porter le petit hunier, et on met le grand hunier sur le mât : toutes les deux sont bonnes, suivant les circonstances ; celle-ci convient mieux au vaisseau qui est sous le vent, parcequ'il est plus disposé à arriver. La premiere est préférable au vaisseau du vent; néanmoins on doit éviter, autant qu'il est possible, de faire mettre des vaisseaux en panne dans les évolutions d'une escadre ou armée, à cause du désordre qui en résulte dans l'exécution des différents ordres.

Observation.

La panne ne sera point nécessaire dans les mouvements généraux de la nouvelle tactique que je vais proposer, lorsque le lit du vent sera constant, et elle ne sera que fort peu employée dans le cas que ce lit du vent vienne à changer.

XVIII. *Etre en route.*

Un vaisseau est en route quand il présente à l'aire du vent sur laquelle il doit courir et que ses voiles sont orientées; il est supposé prêt à agir.

XIX. *Faire route.*

Quand un vaisseau suit une aire de vent sur laquelle il présente, il fait route.

XX. *Route opposée.*

Faire une route opposée, c'est présenter le cap au point de l'horizon diamétralement opposé à celui sur lequel on faisoit route. C'est faire route au sud si on la faisoit au nord, à l'ouest si on la faisoit à l'est, ainsi des autres.

XXI. *Travers.*

Si deux vaisseaux suivent deux routes parallèles, et qu'ils soient placés l'un et l'autre sur une même perpendiculaire à cette route, on dit qu'ils sont par le travers l'un et l'autre; mais si l'un des deux ne fait pas la même route que l'autre, et qu'il se trouve dans cette perpendiculaire, il est par le travers de l'autre sans que l'autre soit par son travers. C'est toujours celui qui se trouve sur la perpendiculaire à la quille, ou au côté d'un vaisseau, qui est par le travers de ce vaisseau.

XXII. *Eaux.*

Un vaisseau est dans les eaux d'un autre quand il est directement dans les eaux de sa route, soit en traversant en arrière de ce vaisseau l'aire de vent de cette route, soit en la suivant.

XXIII. *Ligne de marche.*

Plusieurs vaisseaux qui se suivent dans les eaux les uns des autres font la ligne de marche : s'ils sont très près les uns des autres, et s'ils présentent le flanc à l'ennemi, ils sont sur une ligne de combat (1).

---

(1) C'est ainsi que s'expriment les tacticiens connus. Il me semble que le mot d'ordre de combat est plus convenable à la chose que celui de ligne ; car jamais l'ordre ne fut plus nécessaire qu'en pareil cas. Ces tacticiens ne reconnoissent

XXIV. *L'échiquier.*

Si plusieurs vaisseaux sont sur la même ligne, et s'ils font des routes différentes à cette ligne, mais parallèles entre elles, on dit qu'ils sont en échiquier : ainsi, si des vaisseaux sont rangés sur une des aires de vent du plus près, et qu'ils fassent tous ensemble route vent arriere ou largue à la même amure, ou le plus près à l'amure opposée en conservant leurs positions respectives, ils sont en échiquier.

XXV. *Contre-marche.*

La contre-marche est le mouvement d'une ligne dont les vaisseaux courant au plus près changent successivement d'amures en virant vent devant ou vent arriere au même point où a viré le chef de file de cette ligne.

XXVI. *Mouvement successif.*

Des vaisseaux tiennent le vent, ou arrivent par un mouvement successif, lorsqu'ils viennent au vent, ou qu'ils arrivent l'un après l'autre en suivant le chef de file qui regle la route.

XXVII. *Chef de file.*

Le chef de file est, dans tous les cas, le vaisseau qui regle la route lorsque tous les vaisseaux sont sur une seule ligne dans les eaux les uns des autres, ou c'est celui qui doit la régler à tous les autres lorsqu'ils courent en échiquier.

---

pour ligne de combat que celle sur laquelle les vaisseaux sont rangés au plus près, et ils nomment lignes de convoi toutes celles qui sont différentes du plus près sur laquelle sont rangés des vaisseaux qui sont de compagnie, quelle que soit la route semblable que font ces vaisseaux. Je crois néanmoins qu'étant dans les eaux les uns des autres, très serrés entre eux, et dans la position de présenter le flanc à l'ennemi, on peut également les considérer comme rangés en ligne de bataille, d'autant que l'expérience prouve qu'il n'est guere possible de combattre exactement au plus près.

XXVIII. *Serre-file.*

Le serre-file est, dans tous les cas, le dernier vaisseau d'une seule ligne, si tous les vaisseaux de cette ligne font route dans les eaux les uns des autres, ou c'est celui qui doit être le dernier de tous, si les vaisseaux qui couroient en échiquier se forment sur une seule ligne dans les eaux les uns des autres; de sorte que le serre-file d'une ligne en devient le chef de file, et le chef de file le serre-file, lorsque tous les vaisseaux d'une ligne ont mis le cap à la route opposée à celle qu'ils faisoient, et qu'ils se suivent sur une même ligne dans les eaux les uns des autres: c'est ce qu'il ne faut point absolument perdre de vue pour bien concevoir le mouvement des divisions dans la nouvelle tactique que je vais proposer.

XXIX. *Vaisseau de tête.*

C'est le vaisseau d'une des escadres qui se met à la tête d'une des deux autres pour en régler la marche dans les évolutions. Il doit toujours être suivi du chef de file de cette division.

XXX. *Vaisseau de queue.*

C'est le vaisseau d'une des escadres qui tient rang dans une des deux autres, et qui y remplace le vaisseau de cette division devenu vaisseau de tête de son escadre: il est toujours à supposer, dans ce cas, qu'il est détaché de son escadre et précédé du serre-file de cette escadre.

SECONDE

SECONDE SECTION.

DE L'ORDRE EN GÉNÉRAL.

L'ORDRE est nécessaire en toutes choses pour éviter la confusion ; c'est l'arrangement des parties d'un tout qui doivent se correspondre, pour le mieux possible, d'une façon intime, avec célérité, précision et unanimité.

C'est, dans les armées navales, la maniere déterminée dont les vaisseaux doivent être rangés pour se soutenir mutuellement, chercher un ennemi, le poursuivre, l'attaquer ou le fuir, et protéger les vaisseaux du commerce.

Il y a différents ordres suivant les circonstances dans lesquelles une armée peut se trouver.

Observations sur les différents ordres nécessaires aux différentes circonstances des armées navales.

1°. Il faut un ordre de marche pour que tous les vaisseaux d'une armée puissent agir uniformément et conformément au dessein de celui qui commande et à la gloire de l'état. L'ordre de marche qui rassemble le plus tous les vaisseaux d'une armée, de façon qu'ils puissent être formés le plus promptement possible en bataille, doit être préférable à tout autre.

Il n'y a point de nécessité à pratiquer plus de trois ordres de marche : l'un dans le cas où il faut qu'une armée passe par un défilé étroit ; l'autre dans le cas où elle fait route en pleine mer, soit en allant à la rencontre de l'ennemi ou en cherchant à l'éviter, soit en faisant route pour une destination quelconque ; la troisieme pour occuper une croisiere très étendue sans crainte d'être surpris et divisé par l'ennemi : en conséquence je n'en proposerai que de relatifs à ces trois objets.

D

2°. Il faut un ordre de bataille où, par un mouvement prompt, les vaisseaux d'une armée puissent être en état de se protéger réciproquement et de combattre l'ennemi, de quelque côté qu'il se présente, soit au vent, soit sous le vent.

3°. Il faut un ordre de chasse pour que tous les vaisseaux d'une armée puissent agir à la fois contre toutes les forces d'un ennemi qui fuit, et se remettre en ordre de bataille très promptement, si, après avoir fui, l'ennemi cherchoit à combattre.

4°. Il faut un ordre de retraite pour que tous les vaisseaux d'une armée se soutiennent réciproquement et ne se laissent point entamer par les forces de l'ennemi qui la poursuit.

Celui qui permet de se remettre en bataille le plus promptement possible doit être le meilleur.

5°. Il faut un ordre de convoi pour escorter avec sécurité et sûreté les flottes marchandes d'un port à un autre. Celui qui est susceptible d'une très grande extension, et qui peut les mettre de tous côtés à couvert des approches de l'ennemi sans déranger leurs marches, doit être le meilleur de tous.

6°. Il faut enfin un ordre de circonvallation pour détacher de l'armée ennemie une partie de ses forces afin de combattre ensuite le reste avec plus d'avantage.

Celui qui, étant fait avec précision et à propos, peut égaliser les forces des deux armées inégales en nombre de vaisseaux, balancer la victoire, et même la décider en faveur de l'armée inférieure, est sans doute celui qui doit être préféré.

D'après ces principes, voici les ordres généraux que je propose.

PREMIER ORDRE DE MARCHE.

Cet ordre de marche consiste dans l'arrangement des vaisseaux de façon qu'ils soient dans les eaux les uns des autres, quelle que soit la route qu'ils fassent : c'est celui que l'on suit et que l'on doit suivre dans toute espece de passage resserré par des écueils ou des terres (*Fig.* 4).

SECOND ORDRE DE MARCHE.

Dans cet ordre de marche absolument inconnu jusqu'à présent, les colonnes *a b, c d, e f,* d'une armée doivent être formées sur trois côtés d'une losange régulière et rangées sur les deux lignes du plus près ; les vaisseaux des deux colonnes *c d, e f,* tantôt au vent (*Fig.* 5) et tantôt sous le vent (*Fig.* 6) de la troisieme colonne *a b,* doivent être formés sur deux parallèles d'une des lignes du plus près dans les eaux de leur chef de file respectif ; et cette troisieme colonne *a b* doit être rangée en avant des deux autres sur la route du plus près, opposée à celles qu'elles suivent, et faire néanmoins en échiquier la même route que ces deux colonnes (1).

Lorsque cette colonne *a b* sera au vent des deux autres, je nommerai cet ordre l'*ordre de marche primitif au vent* (*Fig.* 5) ; et si au contraire les deux colonnes *c d, e f,* sont au vent de cette colonne *a b,* je le nommerai l'*ordre de marche primitif sous le vent* (*Fig.* 6).

Cet ordre doit rendre facile la communication des signaux à toutes les parties de l'armée ; et il sera d'autant plus aisé à observer, lorsque les vaisseaux s'éleveront au vent à la route du plus près, et qu'ils feront voiles sous le vent à la route de quatre quarts largues opposée à l'une de celles du plus près, que, dans l'un et l'autre cas, ils seront en ligne dans les eaux de leur chef de file.

Observation importante.

La position fixée aux trois colonnes dans l'ordre de marche primitif au vent est la même pour l'ordre de bataille naturel, l'ordre de retraite, et l'ordre de circonvallation.

Celle des trois colonnes dans l'ordre de marche primitif sous le vent est encore la même pour l'ordre de bataille renversé, l'ordre de chasse, et l'ordre de convoi.

(1) Voyez la note sur l'échiquier, pag. 23.

Ainsi, dans tous les cas possibles, l'officier général commandant une armée ne doit s'occuper que de ces deux positions de
l'ordre de marche, dans l'une ou l'autre amure, pour tous les
mouvements qu'il jugera à propos de faire exécuter à cette
armée.

La seule différence qu'il y ait dans ces différents ordres consiste principalement dans la route que doivent faire les vaisseaux de chaque colonne, et dans leurs positions par rapport à
l'amure que doit tenir l'armée, qui sera toujours la même que
celle de la route que l'on doit faire comme dans la tactique
usitée (1).

TROISIEME ORDRE DE MARCHE EN CROISIERE.

Dans cet ordre de marche, les deux colonnes *cd*, *ef*, au lieu
d'être appuyées sur le chef de file et le serre-file de la troisieme
colonne *ab*, comme dans l'ordre de marche primitif en losange,
peuvent être écartées de cette troisieme colonne autant qu'on
le jugera à propos dans une croisiere, et pourront être placées
très utilement à une très grande distance les unes des autres,
pourvu que les vaisseaux de chacune de ces colonnes se tiennent
toujours dans leurs positions respectives des deux lignes du plus

---

(1) Si des marins exercés à la tactique usitée veulent comparer l'espace qu'occupent les trois corps d'une armée dans l'ordre de marche des trois colonnes,
avec celui qu'ils doivent occuper dans cet ordre de marche primitif, au vent ou
sous le vent, ils verront, s'ils supposent les distances des vaisseaux égales dans
les positions respectives de ces deux systêmes, 1°. que l'armée doit occuper une
superficie égale dans l'un et l'autre cas ; 2°. que la distance des deux vaisseaux
les plus éloignés de l'armée dans le nouvel ordre n'excede pas des deux sep-
tiemes qu'il y a entre les vaisseaux les plus éloignés entre eux d'une des trois
colonnes de l'ordre de marche usité ; 3°. qu'enfin, dans le systême usité, tous les
vaisseaux de la colonne sous le vent sont sous le vent du vaisseau le plus sous le
vent de l'armée dans le nouvel ordre, et que par cette raison on peut considérer
les vaisseaux dans ce nouvel ordre de marche comme plus rassemblés entre eux
que dans l'ordre de marche des trois colonnes, parcequ'ils sont plus à portée de
se secourir mutuellement.

près, parceque ces trois colonnes seront ainsi disposées à se réunir promptement et à se former dans l'ordre de marche primitif
à la vue de l'ennemi, en faisant chacune de leur côté le mouvement opposé qui doit les rapprocher; car si ces trois colonnes
ab, cd, ef, se trouvent placées à six lieues de distance les unes
des autres, elles pourront découvrir un espace de près de cin-
quante lieues d'étendue en circonférence, sans que l'ennemi
puisse surprendre l'armée en désordre pendant qu'elle manœuvre pour se former dans cet ordre, parceque l'espace, pris
du centre de l'horizon où se trouve chaque vaisseau des trois
colonnes au point de la circonférence de cet horizon où il peut
appercevoir cet ennemi, ou tout autre objet quelconque, est
déterminé de six lieues, et que, pour se réunir, chaque colonne
n'auroit que la moitié de ce chemin à faire, tandis que l'ennemi
auroit, pour la joindre, les six lieues dont il a été apperçu, plus
la moitié du chemin qu'auroit à parcourir chacune des colonnes
pour se réunir aux deux autres.

En effet, si l'on imagine les trois colonnes *ab, cd, ef* (*Fig. 7*),
dans une position telle que les deux colonnes *ab, ef*, soient à six
lieues de distance l'une de l'autre, et que l'on puisse supposer
le triangle *s, t, v*, dont les points *s* et *v* sont les deux extrémités
de la base sur lesquelles sont appuyées les deux colonnes *cd, ef*,
et le point T le sommet de ce triangle où est fixé le vaisseau
du centre de la troisieme colonne *ab*; si cette colonne *ab* fait
route de T vers *x*, à la route opposée du plus près qu'elle faisoit, tandis que les deux colonnes *cd, ef*, feroient route aussi
de *v* et de *s* vers *x*, ces trois colonnes n'auroient chacune que
trois lieues à faire pour être réunies aux deux autres colonnes:
mais chacune de ces trois colonnes n'ayant donc que trois lieues
à faire pour éviter l'ennemi, et cet ennemi ayant été apperçu
de six lieues, il en auroit nécessairement neuf à faire pour arriver au même point. Or, comme la vîtesse connue des vaisseaux ne permet pas de croire que l'ennemi pût joindre aucune
de ces colonnes avant qu'elles ne fussent formées dans leurs

positions respectives de l'ordre de marche primitif au vent, on peut, je pense, considérer ce troisieme ordre de marche comme très avantageux dans une croisiere d'armée, d'autant que les frégates peuvent y être très utiles pour annoncer de plus loin encore l'approche de l'ennemi, et rendre facile la communication des signaux, si elles sont placées en avant et dans les intervalles des colonnes dans les points yyy, au vent et sous le vent de cette armée (1).

ORDRE DE BATAILLE.

Le nouvel ordre de bataille que je propose est tel que les trois colonnes d'une armée sont formées sur les trois côtés d'une losange réguliere, comme dans l'ordre de marche primitif au vent, excepté néanmoins que les vaisseaux d'une seule des trois colonnes sont dans les eaux les uns des autres, et que ceux des deux autres colonnes sont sur deux lignes parallèles et font route en échiquier; de sorte que si l'on veut faire passer une armée de l'ordre de marche primitif au vent à cet ordre de bataille sur l'amure opposée, le mouvement sera infiniment plus prompt que ceux qui sont indiqués dans les tactiques connues pour passer de toutes les positions de marche sur la ligne de front, sur l'angle obtus de chasse ou de retraite, sur trois ou six colonnes, à l'ordre de bataille usité : car il suffira que les vaisseaux des trois colonnes, rangés dans l'ordre de marche primitif au vent, donnent tous ensemble vent devant, et qu'ils prennent l'amure du plus près opposé pour être formés dans cet ordre de bataille (*Fig.* 8); et si l'armée étoit dans l'ordre de marche

(1) On peut, si l'on veut, supposer que, dans cet ordre de marche en croisiere, les trois colonnes sont dans la position d'ordre de marche primitif sous le vent, et il sera facile de concevoir que l'escadre dont le centre est appuyé au vent sur le sommet du triangle STV pourra l'être également sur le même sommet quand il sera supposé sous le vent de la base, et que les trois escadres pourront également se réunir par des mouvements contraires avant que l'ennemi n'ait pu en joindre aucune ni même empêcher cette réunion. C'est pourquoi je n'en ferai pas la démonstration.

primitif sous le vent, il suffiroit que les vaisseaux des trois colonnes tinssent tous ensemble le plus près à l'amure où ils courent pour être aussi en ordre de bataille (*Fig.* 9).

Lorsque les deux colonnes *cd*, *ef* (*Fig.* 8), sont sous le vent
de la troisieme colonne *ab* qui doit être en bataille, je nommerai cet ordre l'*ordre de bataille naturel;* si, au contraire, ces
deux colonnes sont au vent de la colonne en bataille (*Fig.* 9),
je le nommerai l'*ordre de bataille renversé.*

Le premier de ces ordres est fait naturellement pour une
armée qui doit combattre sous le vent, et le second pour celle
qui combattroit au vent.

*Observations sur l'ordre de bataille naturel et sur l'ordre de
bataille renversé.*

Si l'on suppose actuellement que cette colonne qui doit combattre au vent ou sous le vent peut prendre les amures à stribord et à babord, on verra qu'elle peut être placée sur les quatre
côtés de la losange (1), et que par conséquent elle peut faire
face à l'ennemi à quelque partie de l'horizon qu'il se présente.
Mais afin de connoître à la vue de cet ennemi s'il est au vent
ou sous le vent de l'armée rangée en losange, sur quel bord
et de quel côté l'armée doit se former pour attaquer ou se défendre avec avantage, il faut savoir que dans l'ordre de marche
primitif, au vent et sous le vent, le lit du vent traverse toujours
le vaisseau de l'armée le plus au vent et celui qui est le plus
sous le vent (*Fig.* 8 et 9); que ce vaisseau qui est le plus sous
le vent est toujours placé au centre d'un horizon qu'il faut regarder comme le principal horizon de cette armée; et que c'est
de ce vaisseau que l'on doit décider si l'armée en losange est

_____

(1) Dans la section qui traite des évolutions, on connoîtra très particulièrement avec quelle facilité et quelle promptitude on peut passer de toutes les positions de l'ordre de marche primitif à l'ordre de bataille sur les quatre côtés de la
losange.

au vent ou sous le vent de celle de l'ennemi, en suivant les regles connues et pratiquées en pareil cas (1).

Si l'on veut connoître, à la vue de l'ennemi qui seroit apperçu au vent ou sous le vent de l'armée en losange, de quel côté la colonne en bataille doit être formée afin de faire passer une des colonnes sur le côté de cette losange où il n'y en auroit pas, c'est la position de cet ennemi, par rapport au lit du vent, qui doit en décider, parceque si l'ennemi est au vent de l'armée qui est dans l'ordre de marche primitif au vent, et qu'il fasse vent arriere ou largue sur cette armée, c'est le vaisseau le plus au vent de l'armée qui doit observer ce qui suit.

Si ce vaisseau releve l'ennemi à stribord du lit du vent, c'est la colonne qui est à stribord de ce lit du vent qui doit prendre les amures à stribord et se former en bataille avant que l'ennemi ne soit à la portée du canon : s'il le releve, au contraire, du côté de babord, c'est la colonne de babord qui doit être en bataille et s'établir dans cet ordre avant que l'ennemi puisse livrer combat; c'est ce qui sera très facile.

L'ancienne regle pour l'amure que l'on doit préférer doit avoir lieu, par rapport à l'armée, dans l'ordre de marche primitif sous le vent, en observant que c'est le vaisseau le plus sous le vent de l'armée qui doit en décider, et que le point de l'horizon opposé à celui d'où vient le vent est le point vers lequel l'observateur doit être tourné pour décider de quel côté,

---

(1) Voyez Tact. nav. de M. de Morogues, chap. 4, pag. 29. Il paroît étonnant que M. de Morogues n'ait parlé que des moyens convenables à un seul vaisseau et non à une armée, dans ce chapitre, sans désigner de quel vaisseau de cette armée les relevements doivent être faits pour s'assurer si l'armée est au vent ou sous le vent de l'armée ennemie. Il est certain que ce doit être le vaisseau le plus sous le vent de la ligne qui doit en décider. Cependant les ordres pour tous les mouvements de l'armée, selon la tactique usitée, doivent être dictés du centre de la ligne où est fixé le poste du général. Comment peut-il, de cette position, juger s'il est au vent ou sous le vent de l'armée ennemie, lorsqu'il n'y a que peu de différence entre les deux armées par rapport au lit du vent? C'est encore une défectuosité de cette tactique.

de

de stribord ou de babord, la colonne en bataille doit se former, parceque, dans cette position, le côté de stribord doit être toujours à sa droite, et le côté de babord à sa gauche.

En suivant cette regle générale, la colonne en bataille ne sera jamais exposée à être prolongée au vent ou sous le vent, ni à bord opposé, par tous les vaisseaux de l'armée ennemie formée sur une seule ligne, ni même à être surprise en désordre par cette armée pendant que l'on veut se former en ordre de bataille naturel ou renversé.

Mouvements que peuvent faire les deux colonnes en échiquier, appuyées sur le chef de file et le serre-file de la colonne en bataille dans le nouvel ordre de bataille naturel ; et comparaison de cet ordre à l'ordre de bataille usité.

Si la ligne AB, CD, EF, représente l'armée d'un ennemi au vent rangée dans l'ordre de bataille usité au plus près du vent, les amures à stribord (*Fig.* 10), la ligne *ab* sous le vent représentera l'une des colonnes en bataille, l'amure à stribord de l'armée dans le nouvel ordre naturel que l'ennemi veut attaquer, et sur laquelle il croit avoir une grande supériorité parceque cette colonne présente un front de bataille infiniment plus petit que le sien (1).

Les deux lignes *c d*, *ef*, représenteront les deux autres colonnes faisant route en échiquier sur les mêmes amures que le front de bataille, et formées sur la ligne du plus près opposé.

Dans cette supposition, si les parties AB, EF, de l'armée ennemie, qui ne peuvent combattre contre les vaisseaux de la ligne *ab*, veulent se porter sur le chef de file *a* ou sur le serre-file *b* de cette ligne, elles seront obligées d'arriver pour attaquer les deux vaisseaux *a* et *b* ; il faut alors que chacune des

---

(1) Il est incontestable qu'un nombre de vaisseaux, quel qu'il soit, ne peut être combattu du même bord que par un nombre égal de vaisseaux lorsqu'ils sont rangés en ordre de bataille sur une ligne.

E

SECTION II.

34

colonnes *cd*, *ef*, de l'armée dans le nouvel ordre fasse les mouvements qui sont relatifs à leurs positions et à la manœuvre de
cet ennemi.

1°. La colonne *ab* doit ralentir le plus qu'il est possible sa
marche, et former un front de bataille très serré jusqu'à ce que
l'ennemi fasse un mouvement pour attaquer le chef de file ou
le serre-file de cette colonne.

2°. La colonne *cd* doit faire de la voile et se porter dans le
même ordre qu'elle est établie sous le troisieme vaisseau de la
queue du front de bataille *ab* (1), où elle se mettra à la même
voilure que les vaisseaux de cette colonne pour conserver cette
position jusqu'à ce que les vaisseaux de l'ennemi fassent leurs
mouvements pour attaquer les vaisseaux de queue de cette
même colonne. Dans cette position elle peut observer les manœuvres de l'ennemi afin de changer d'amures et d'être formée
en ordre de bataille sur le bord opposé dès que les vaisseaux
ennemis auront parcouru un certain espace après leur arrivée,
parceque cette colonne faisant route ensuite au plus près du
vent dans les eaux du serre-file de la division *ab*, elle pourra
couvrir les vaisseaux de queue de la colonne *ab* et passer au
vent des colonnes ennemies qui arrivent, canonner les vaisseaux de cet ennemi par la proue, les prolonger, doubler leur
arriere-garde, et la mettre entre deux feux si ces vaisseaux ennemis se suivent dans les eaux les uns des autres (2), la subdi-
viser s'ils arrivent en échiquier, ou bien encore s'élever au vent
pour mettre entre deux feux la colonne *cd* qui combat contre
les vaisseaux de la colonne *ab*.

(1) La position que je fixe à cette colonne n'est relative qu'au temps que je
suppose nécessaire pour changer d'amures et serrer de très près le vaisseau de
queue de la colonne *ab*. On peut la fixer sur le deuxieme et le quatrieme des
vaisseaux de queue de cette même colonne *ab*, selon qu'il faudra plus ou moins
de temps à la colonne *cd* pour faire son évolution. C'est ce que l'on peut éprouver
dans les moments d'évolution d'exercice.

(2) Si les vaisseaux ennemis qui ne combattent point contre ceux de la co-

3°. Les vaisseaux de la colonne *ef* pourront abandonner leur poste et courir en échiquier, en forçant de voiles sur la même route et dans le même ordre qu'ils étoient formés, dès qu'ils s'appercevront que l'ennemi se porte en avant de la colonne *ab*, afin que si la colonne AB de cet ennemi fait quelque mouvement pour arriver sur cette colonne *ef*, ou sur la tête de la colonne *ab*, elle puisse, en revirant de bord, faire route en ordre de bataille au plus près du vent à route du plus près opposé, pour couvrir le vaisseau de la tête de la colonne *ab*, doubler la colonne CD de l'ennemi par l'avant, ou diviser la colonne AB de cet ennemi qui court en échiquier à bord opposé.

On peut encore faire manœuvrer d'autre maniere ces deux colonnes *cd, ef*, dans le cas où les vaisseaux de l'armée ennemie seroient sur une seule ligne mal formée, ou qu'ils seroient en désordre et laisseroient entre eux une trop grande distance en combattant de très près la colonne *ab* (*Fig.* 11).

1°. En faisant revirer de bord les vaisseaux de la colonne *ef*, ainsi que le vaisseau *a*, chef de file de la colonne *ab*.

2°. En faisant revirer dans le même temps vent devant les vaisseaux de la colonne *cd*, ainsi que le serre-file B de la colonne *ab*, pour tenir le vent ensuite sur la ligne du plus près opposée.

3°. En faisant *arriver* en même temps de quatre quarts tous les vaisseaux de la colonne *ab* qui étoient entre le chef de file *a* et le serre-file *b*, et en leur faisant prendre les mêmes amures que les vaisseaux des deux autres colonnes quand ils seroient par le travers des serre-files de ces deux colonnes, parceque,

---

lonne *ab* veulent arriver successivement dans les eaux de leur chef de file pour passer sous le vent de cette division *ab* et la mettre entre deux feux, les vaisseaux de la division *ef* doivent nécessairement leur passer au vent, puisque le chef de file de cette division *ef* est, dans sa position, au vent du chef de file des vaisseaux ennemis qui arrivent, et qu'il a la facilité de serrer d'aussi près qu'il est possible le serre-file *b* de la ligne de bataille *ab*.

dans cette position, les vaisseaux des deux colonnes cd, ef, s'éleveroient au vent sur deux paralleles en ordre de bataille dans les eaux des chefs de file a et b; qu'elles pourroient mettre entre deux feux une partie des vaisseaux de l'ennemi, lesquels seroient obligés de prendre la même amure que ces deux colonnes, attendu que les vaisseaux de la colonne ab qui sont formés au même bord que ces deux mêmes colonnes doivent empêcher les vaisseaux ennemis de suivre la route opposée à cette amure.

Enfin ces deux colonnes cd, ef (*Fig.* 12), peuvent encore manœuvrer autrement et se porter toutes deux sur les vaisseaux de queue de la colonne ab, si les vaisseaux de l'ennemi ne se portoient point en avant de cette colonne et qu'ils voulussent attaquer le serre-file B. Mais c'est ce que l'on verra plus particulièrement dans la section de l'essai sur les mouvements de guerre, qui est à la suite des évolutions.

D'après cet exposé succinct, on peut remarquer 1°. que, dans la première supposition, la façon de disposer ainsi les forces d'une armée est d'autant plus convenable à la défense du chef de file et du serre-file d'une ligne de combat, que les vaisseaux de la colonne cd, couverts par cette ligne de combat, peuvent manœuvrer sans qu'il y ait des vaisseaux de cette colonne exposés au feu de l'ennemi; que la colonne ef, dont le chef de file est C, présente toujours le côté à l'ennemi, sans qu'il y ait aucun des vaisseaux de cette colonne exposé à recevoir le feu de cet ennemi par la proue ni par la pouppe, parcequ'ils ne doivent se former en bataille que lorsque l'ennemi fait les routes largues ou vent arriere.

2°. Que, dans la seconde supposition, il n'y a que le chef de file et le serre-file de la colonne en bataille qui couvrent les vaisseaux des deux autres colonnes, qui puissent recevoir le feu de l'ennemi par la proue lorsqu'ils changent leurs amures.

3°. Qu'enfin, dans la troisieme supposition, les vaisseaux des deux colonnes cd, ef, manœuvrant sous le vent de la colonne en bataille *ab*, sont également, pendant l'action et leur évolution, à l'abri du feu de l'ennemi (1).

C'est au contraire ce qui est presque impossible à exécuter dans l'ordre de bataille usité, où tous les vaisseaux sont rangés sur la même ligne au plus près du vent, où aucune des escadres ne peut manœuvrer pour aller au secours d'une autre sans revirer de bord, vent devant, ou lof pour lof, sous le feu de l'ennemi, sans être exposée, par cette raison, à être accablée et désemparée par les coups de cet ennemi, auxquels elle ne pourroit riposter : car si l'on suppose (*Fig.* 13) les deux armées AB, CD, EF, et *ab*, *cd*, *ef*, rangées en ordre de bataille, les amures à stribord au plus près du vent, que la colonne *ef* sous le vent soit désemparée par les vaisseaux ennemis, comment l'avant-garde *ab* ou le corps de bataille *cd* pourront-ils aller au secours de cette arriere-garde *ef* sans arriver ou venir au lof ? Comment feront-ils l'un de ces mouvements et revireront-ils vent devant, ou lof pour lof, sous le feu de l'armée ennemie rangée comme eux à la portée du canon, dans la ligne du plus près, sans recevoir le feu de cet ennemi par la proue ou par la poupe ? Comment enfin secourir les autres colonnes *ab*, *cd*, qui auroient été maltraitées pendant l'action par des coups malheureux, sans être sujets aux mêmes événements ? Cela est impossible. Aussi arrive-t-il que, dans les combats de deux armées rangées sur deux lignes paralleles au plus près du vent, on est forcé de n'avoir point d'égard à la partie affoiblie de cette armée ; que les vaisseaux désemparés de la ligne sous le vent sortent de cette ligne pour se mettre à couvert de quelques vaisseaux, afin de se réparer si le dommage est léger, ou de faire vent arriere en forçant de voiles le plus qu'il est possible,

---

(1) On peut se faire une idée des mouvements que feroient ces deux colonnes dans l'ordre de bataille renversé, où elles sont en échiquier au vent de la colonne en bataille au lieu d'être sous le vent, et observer que ces colonnes peuvent également, dans le dernier cas, comme dans le précédent, faire tous leurs mouvements à couvert du feu de l'ennemi.

si le dommage est tel qu'il faille beaucoup de temps pour le
réparer; que ceux du vent se laissent culer pour sortir en arriere de la ligne afin de manœuvrer comme ceux de dessous le
vent dans le même cas; et qu'enfin les batailles sur mer don-
nées de cette façon restent presque toujours indécises, parcequ'à la faveur d'une saute de vent ou de la nuit, comme je l'ai
déja dit, le général le moins opiniâtre s'éloigne de celui qui
l'est le plus, ou que les généraux se séparent mutuellement,
celui du vent en faisant tenir le vent aux vaisseaux de son
armée, et celui de dessous le vent en faisant arriver les siens de
quelques quarts.

Ainsi il résulte de cette comparaison, que le nouvel ordre
proposé est préférable, à cet égard, à l'ordre usité; mais c'est
ce que je ferai connoître plus particulièrement par la suite.

DE L'ORDRE DE CHASSE.

Comme l'ordre de chasse suppose naturellement que l'ennemi qu'on poursuit est sous le vent, l'armée, dans le nouvel
ordre de marche primitif sous le vent, doit être dans la position
la plus avantageuse pour chasser cet ennemi (*Fig.* 14) en faisant une route largue ou vent arriere convenable à la poursuite, parceque, s'il veut combattre après avoir fui, et se remettre en ordre de combat, les vaisseaux de l'armée dans le
nouvel ordre n'auroient qu'à tenir le plus près pour être formés
en ordre de bataille renversé, quelque route largue qu'ils fissent
en poursuivant, et que, si l'ennemi prenoit les amures oppo-
sées, elle pourroit également présenter une des colonnes en
front de bataille et se former immédiatement après dans l'ordre
prescrit pour combattre avec avantage, ainsi qu'on le verra par
la suite dans la section qui aura rapport aux évolutions.

Si cependant l'ennemi que l'on veut chasser est au vent,
l'ordre de marche primitif au vent (*Fig.* 5) sera le plus naturel
à l'ordre de chasse au plus près ou au largue, jusqu'à la perpendiculaire du lit du vent, du côté où il a été apperçu, parceque,

dans ce cas, si l'ennemi vouloit combattre après avoir fui, l'armée dans le nouvel ordre pourroit être formée très promptement en ordre de bataille, stribord ou babord amures, selon le bord où s'établiroient les vaisseaux de l'armée ennemie. C'est ce que l'on verra également dans la section des évolutions.

Observation.

Dans cette position en losange, on verra que l'armée en ordre de chasse offre, ainsi que dans la tactique usitée, l'angle obtus de chasse, avec cette différence que, pour être formés en bataille, il suffit que, dans cette position en losange, les vaisseaux de la seconde colonne tiennent tous le vent au même bord que leurs amures, parcequ'ils se trouveroient ensuite en ligne dans les eaux les uns des autres; mais que, dans l'ordre de chasse usité, il faut que les vaisseaux parcourent beaucoup d'espace avant que la même évolution soit exécutée (1).

DE L'ORDRE DE RETRAITE.

La grande et vicieuse étendue de la ligne de bataille usitée, l'impossibilité de défendre avec promptitude les deux extrémités de cette ligne, la lenteur et l'incertitude qu'éprouve la communication des signaux, sont aussi sensibles dans l'ordre de retraite que dans l'ordre de bataille usité, soit qu'on exécute cet ordre de retraite suivant la méthode prescrite de l'angle obtus, soit que l'on préfère la ligne de front sur la perpendiculaire du vent, soit enfin qu'on l'exécute l'armée étant formée sur la ligne de front ou sur une des lignes du plus près, parceque tous les vaisseaux de cette armée qui font route en échiquier doivent ensuite se former en bataille sur une seule ligne, et qu'ils ne peuvent jamais faire ce mouvement avec la précision et la célérité dans la pratique que le retrace la théorie ; car il est presque impossible à chaque vaisseau de tenir son poste

---

(1) Voyez M. de Morogues, Tact. nav. pag. 86, figure 126.

en échiquier dans un ordre quelconque, vent arriere ou largue,
en suivant la regle donnée ; car si la plus grande partie des vaisseaux de l'armée, ayant une marche moins avantageuse que le
reste, est de l'arriere à l'instant nécessaire pour se ranger en ordre de bataille, elle ne peut le faire que les meilleurs voiliers qui
sont sous le vent ne mettent en panne pour les attendre, et que
ceux qui marchent le mieux des vaisseaux qui sont au vent n'en
fassent autant successivement, jusqu'au dernier, à mesure qu'ils
sont arrivés dans les eaux des premiers qui ont mis en panne.
Mais quelle difficulté n'y a-t-il pas ensuite pour former cette
ligne de bataille, lorsqu'il est question de réparer le défaut de
la panne à cause du plus ou moins de dérive des vaisseaux dans
cette position ! Quel avantage l'ennemi n'a-t-il pas, s'il peut
attaquer une armée dans cette situation, où les vaisseaux sont
sans mouvement, et où ils laissent nécessairement entre eux
des espaces dont cet ennemi peut profiter pour diviser cette
ligne et en envelopper une partie, sur-tout à ses deux extrémités !

J'ai donc cru nécessaire de n'avoir pas plus d'égard à cet
ordre de retraite qu'à celui de bataille usité, et j'établis en conséquence pour un nouvel ordre de retraite (*Fig.* 15) l'ordre des
colonnes tel que dans l'ordre de marche primitif au vent, mais
les vaisseaux de l'armée faisant route largue ou vent arriere,
parceque, quelque route que fassent ces vaisseaux dans les positions respectives de cet ordre, ils doivent être formés en ordre
de bataille naturel, très promptement, soit en tenant le plus
près tous à la fois et en se formant sur la même amure que celle
de l'ennemi, soit en prenant l'amure opposée à celle de cet
ennemi, ainsi qu'il sera expliqué dans la troisieme section qui
traite des évolutions.

Si l'on veut néanmoins m'appliquer les mêmes observations
que j'ai faites sur l'impossibilité de conserver un ordre en échiquier, je répondrai,

1º, Que cela ne peut être de conséquence que pour une des
                                                        colonnes,

colonnes, au lieu qu'elle est telle pour les trois colonnes dans l'ordre usité.

2°. Qu'elle ne peut l'être encore par rapport aux espaces que laisseroit entre eux cette colonne, quelque rapproché que fût l'ennemi qui la poursuivroit, soit pour couper cette colonne, soit pour attaquer ses deux extrémités, parceque les deux colonnes appuyées sous le vent, sur le chef de file et le serre-file de cette colonne, seroient toujours disposées à leur défense et à repousser l'ennemi qui pourroit pénétrer dans la ligne.

Je dirai enfin que cette colonne qui doit former l'ordre de bataille, n'occupant qu'un tiers de l'espace convenable à celui qui est nécessaire à une armée dans l'ordre de retraite usité, doit avoir les deux tiers moins de difficulté à se former sur une ligne et y employer les deux tiers moins de temps, sur-tout si le vaisseau qui est le plus sous le vent tient le premier le vent en faisant le moins de voiles possible, et si ceux qui sont au vent viennent prendre leurs positions selon l'ordre de vîtesse, et se placer dans les eaux les uns des autres sans jamais faire usage de la panne, car c'est une des choses la plus vicieuse des évolutions usitées.

Observation.

Dans cet ordre de retraite en losange, on peut remarquer un angle obtus de retraite semblable à celui de la tactique usitée, et que les vaisseaux de la seconde colonne, pour être formés en bataille, n'ont qu'à tenir le vent du bord où ils ont leurs amures; mais que c'est ce qui ne peut s'exécuter dans l'ordre de retraite usité qu'après un mouvement très long, quelque choix que l'on fasse des évolutions prescrites dans cette tactique.

DE L'ORDRE DE CONVOI.

L'ordre de convoi doit être formé de la même maniere que l'ordre de marche primitif sous le vent, excepté que les deux colonnes qui font route quatre quarts largue dans ce dernier

F.

ordre-ci, doivent faire route au plus près sur la ligne opposée à
celle de cet ordre de marche, et que la troisieme doit également
se former au plus près, à la même route que les deux autres colonnes, de façon que les vaisseaux convoyés puissent être en-
tourés par ces trois colonnes (*Fig.* 16) et faire route ensuite en
échiquier, largue, ou vent arriere. Dans cette même position,
selon la volonté du chef du convoi, et quoique ce convoi puisse
être très considérable et tenir beaucoup d'espace, l'armée qui
l'escorte, sans déranger son ordre, pourra néanmoins l'entourer
dans tout son pourtour, en augmentant seulement les distances
de chaque vaisseau entre eux; mais dans le cas où ce convoi
seroit rencontré par un ennemi en état de combattre, et qui en
eût le dessein, on pourra le faire évoluer comme il sera dit dans
la section des évolutions.

Au surplus, cet ordre peut encore être utile dans le cas où
l'on voudroit mettre entre deux feux ou envelopper une partie
des forces de l'ennemi qui seroit détachée de son armée; c'est
ce que l'on connoîtra par la suite.

DE L'ORDRE DE CIRCONVALLATION.

Dans l'ordre de circonvallation (*Fig.* 17), les vaisseaux des
trois colonnes doivent être placés dans le même ordre que celui
de marche primitif au vent, et faire la route opposée à celle du
plus près où ils sont formés, parcequ'en courant sur une partie
des vaisseaux de l'ennemi, on pourra les mettre entre deux
feux et les détacher de leur armée si l'on fait passer de cet ordre
de circonvallation à l'ordre de convoi, ainsi qu'on le verra dans
la section des évolutions.

TROISIEME SECTION.

DES ÉVOLUTIONS.

Observations.

AVANT que de faire connoître les différents mouvements que doivent exécuter les colonnes dans le nouvel ordre de la losange réguliere, je ne puis me dispenser d'établir des regles générales et importantes à observer.

I.

L'ordre de marche sur une ligne est celui que doivent prendre les vaisseaux d'une armée en sortant de quelque port ou mouillage que ce soit.

I I.

Pour former cette ligne sans confusion et très promptement, le poste d'aucun vaisseau n'y sera pas désigné par ordre de tableau ni rang d'ancienneté de ceux qui les commandent, excepté les chefs de division qui se tiendront à part et au vent de la ligne.

I I I.

Il faut que les vaisseaux les plus rapprochés de la sortie d'un port, ou les plus au large, appareillent les premiers, et que ceux qui se trouvent dans cette position, par rapport aux autres vaisseaux de l'armée qui sont encore au mouillage, en fassent autant les uns après les autres.

I V.

Si la rade est fort étendue, et que plusieurs vaisseaux puissent appareiller à la fois sans crainte d'avarie ni de confusion, ils en seront les maîtres, pourvu que ce soient ceux qui seront au mouillage le plus au large de la rade ou du vent qui appareillent les premiers.

V.

Les vaisseaux de cette armée, après être sortis d'un port ou d'une rade en suivant une route largue ou vent arriere, doivent se former ensuite sur une ligne du plus près avant de passer à l'ordre de marche primitif en losange ; et afin d'exécuter ce mouvement avec précision, le vaisseau qui a appareillé le premier sera celui qui prendra la tête de la ligne, et il observera de ne tenir le plus près que lorsqu'il se sera assuré que les autres vaisseaux sont au vent de cette route qu'il va faire.

V I.

Les vaisseaux qui, en appareillant, ont suivi successivement le vaisseau de tête, gouverneront chacun sur celui qui le précede lorsqu'ils seront au vent à ce vaisseau ou dans leurs eaux, et ils s'en tiendront toujours le plus près possible s'ils en sont sous le vent.

V I I.

Dans le cas où les vaisseaux en pleine mer seroient dispersés par le calme ou par quelque autre cause, et qu'il fallût se remettre en ordre de marche sur une ligne au plus près pour passer ensuite aux différents ordres de marche de la losange, ce sera le vaisseau le plus en avant de tous, du côté de l'amure où l'on doit se former, qui sera le vaisseau de tête de cette ligne (1).

Mais, avant que de tenir le vent, il fera en sorte de mettre,

---

(1) Comme on doit nécessairement supposer que tous les vaisseaux d'une armée sont en état de combattre, et qu'ils sont montés par des officiers aussi braves qu'intelligents et capables, je ne vois point de raisons pour désigner particulièrement le vaisseau qui doit être à la tête d'une ligne.

Au combat de M. le comte d'Estaing contre l'amiral Byron, c'étoit le Lion, vaisseau de 64 canons, commandé par le capitaine Gardener, qui étoit à la tête de l'armée angloise.

Comme, par la même raison, il ne me paroît pas utile que ce soit une des colonnes plutôt qu'une des deux autres qui soit formée en ordre de bataille, je ne me suis pas occupé d'imiter à cet égard les tacticiens connus. La chose sera néanmoins très facile si l'on peut m'en prouver la nécessité.

comme je l'ai déja dit, tous les autres vaisseaux au vent de la route qu'il va faire. Pour cet effet tous les vaisseaux, excepté celui de tête, tiendront le vent, si le vaisseau est au vent à eux, à l'instant que l'on fera le signal de ralliement; ou bien s'il est sous le vent, ce sera lui qui tiendra le vent; et tous les autres arriveront et viendront successivement se former dans ses eaux en manœuvrant toujours pour suivre de près le vaisseau qui sera de l'avant à eux au vent ou sous le vent.

VIII.

L'armée étant rangée au plus près du vent sur une ligne, les chefs de division, qui ont dû manœuvrer pour se tenir au vent de cette ligne ainsi qu'il vient d'être dit, regle II, viendront prendre leur poste chacun dans leur escadre. Pour cet effet, les vaisseaux qui doivent composer chacune de ces colonnes manœuvreront de façon à laisser l'espace convenable à leur chef de division; et cela leur sera d'autant plus facile, que ces chefs de division, qui sont au vent de cette ligne, et qui doivent connoître la quantité de vaisseaux qui aura été fixée à chaque colonne et reconnoître ceux qui les composent, pourront se porter directement dans le poste qui leur aura été désigné par le général, soit à la tête, soit au centre de leur division, d'après le signal qui en aura été fait par le général aux vaisseaux qui occupent ce poste, afin qu'ils le laissent libre : mais il faut que ce mouvement se fasse de la tête à la queue, et en forçant de voiles successivement, pour ne pas déranger l'ordre de cette ligne et n'obliger aucun vaisseau de mettre en panne.

IX.

Pour former une armée sur la losange réguliere, il faut que la colonne qui est au vent ou sous le vent des deux colonnes paralleles, soit composée d'un vaisseau de plus que chacune des deux autres (1) : ainsi, dans tous les cas, cette colonne se

---

(1) Dans l'ordre de bataille usité, les trois corps qui composent une armée

trouvera composée d'un vaisseau de plus que les deux autres ;
et si l'on veut connoître le nombre des vaisseaux convenable à
une armée que l'on veut établir dans cet ordre, voici la pro-
gression que donne la table de losange réguliere, 7, 10, 13, 16,
19, 22, 25, 28, 31, 34, 37, etc. qui va toujours en croissant, depuis le nombre de 7, de trois en trois, jusqu'à 100, et à l'infini ;
de sorte que si, sur un de ces nombres donnés, on veut savoir
de combien de vaisseaux doivent être composées les colonnes,
on en ôtera une unité, et le tiers du reste sera le nombre cher-
ché, auquel on ajoutera l'unité soustraite pour composer la seconde colonne.

Exemple.

Si l'on veut savoir de combien de vaisseaux doit être composée chaque colonne d'une armée de quarante-neuf vaisseaux,
on ôtera un des quarante-neuf, ensuite on prendra le tiers des
quarante-huit restants, qui donnera seize, et ce sera ce nombre
de seize qui sera celui des vaisseaux dont la premiere et la troisieme colonnes seront composées ; et, aux seize vaisseaux qui
composeront la seconde colonne, on ajoutera cet un soustrait
des quarante-neuf, ce qui la formera d'un nombre de dix-sept
vaisseaux, et ainsi des autres nombres : c'est ce qui sera déterminé avant que de quitter le mouillage. Et afin que chaque
vaisseau sache de quelle colonne il doit être lorsque l'armée est
sur une seule ligne, le vaisseau de tête de cette ligne mettra au
haut du mât d'artimon le pavillon qui désigne le n° 1, celui
qui le suivra mettra au même endroit le pavillon du n° 2 ; et
successivement tous les vaisseaux qui suivent le vaisseau de
tête, jusqu'au n° 16, en feront autant lorsque l'armée sera com-

---

sont chacun composés d'un nombre de vaisseaux égal au tiers de cette armée.
Celui du général est placé au centre du corps de bataille, et par conséquent de
la ligne de combat. S'il reste dans cette position pendant l'action, il lui est impossible de voir ce qui se passe à la tête et à la queue de son armée : s'il aban-
donne ce poste pour inspecter et juger de la suite de la bataille, il laisse un vuide ;
et le corps de bataille, plus foible d'un vaisseau que l'avant-garde et l'arriere-

posée de quarante-neuf vaisseaux, ou jusqu'au tiers du nombre des vaisseaux fixés pour cette armée.

Le serre-file de la ligne ou le vaisseau de queue hissera au mât du petit perroquet le même pavillon n° 1, celui qui le précede mettra le n° 2 au même endroit; et ainsi de suite tous les vaisseaux, jusqu'au seizieme ou au tiers des vaisseaux de l'armée, en feront autant, arborant le pavillon qui convient au n° du rang qu'ils occupent.

De cette sorte, les vaisseaux du centre de l'armée qui ne seront point dans le cas d'arborer de pavillon sont ceux qui doivent composer l'autre colonne.

X.

Lorsque l'armée sera formée sur les trois côtés de la losange, la seconde colonne au vent, le chef de file et le serre-file de cette colonne deviendront vaisseaux de tête des deux autres colonnes dans toutes les évolutions où l'armée voudroit s'élever au vent, et ils seront au contraire vaisseaux de queue dans tous les cas où l'armée feroit route largue ou vent arriere. Si cette seconde colonne est sous le vent des deux autres, ce seront les serre-files de la premiere et troisieme colonnes qui seront les vaisseaux de tête de ces deux mêmes colonnes lorsque l'armée fera route largue ou vent arriere; mais si elle tient le plus près, le serre-file de la premiere colonne deviendra vaisseau de tête de la seconde, et le serre-file de la troisieme sera le vaisseau de queue de cette seconde colonne. Lorsque l'armée sera formée en bataille dans l'ordre de la losange, il ne faudra, pour se maintenir dans cet ordre (quelque distance qui ait été fixée aux vaisseaux), que trois choses principales:

---

garde, n'est-il pas un vice dans la formation des trois corps, et n'est-il pas plus avantageux que ce corps de bataille soit composé d'un vaisseau de plus que les deux autres corps ? C'est ce qu'offre, dans tous les cas, l'armée rangée en ordre de la losange réguliere, où le général, placé au centre de cette losange, comme je l'ai déja fait connoître, peut juger avec précision de la conduite de son armée, et de suite de l'action, depuis son commencement jusqu'à sa fin.

La premiere, que le serre-file de la troisieme colonne et le
chef de file de la seconde se relevent l'un et l'autre dans le lit
du vent.

La seconde, que le serre-file de la premiere colonne et le
serre-file de la seconde soient l'un et l'autre sur la perpendiculaire du lit du vent.

La troisieme enfin, que le chef de file de la premiere colonne
releve le chef de file de la seconde colonne à l'aire de vent du
plus près opposé à ses amures; que le chef de file de la troisieme
colonne releve de la même maniere le serre-file de la seconde;
et que tous les vaisseaux de chaque colonne, depuis leur chef
de file jusqu'au serre-file, se relevent successivement les uns
aux autres sur la ligne du plus près de l'amure opposée à celle
de leur route, de façon que si tous les vaisseaux de chaque colonne faisoient la route du plus près à l'autre bord, ils se trou-
vassent dans les eaux du vaisseau qui les rapproche le plus et
qui est au vent à eux. Cela sera d'autant plus aisé, que le chef
de file et le serre-file de la seconde colonne, qui servent de
point d'appui aux vaisseaux de la premiere et de la troisieme,
sont en ligne, et par conséquent dans une position déterminée
et certaine,

XI.

Dans tous les cas où l'armée sera sur une seule ligne, la premiere colonne sera celle de la tête, la seconde celle du centre,
et la troisieme celle qui tient au vaisseau de queue: on peut les
désigner, si l'on veut, par l'avant-garde, le corps de bataille,
et l'arriere-garde.

XII.

Lorsqu'on voudra faire passer l'armée d'une seule ligne à la
losange réguliere, il faudra toujours composer d'un vaisseau de
plus celle des trois colonnes qui doit être à la tête des deux autres et devenir par conséquent la seconde colonne, de sorte
que, pour que cela puisse s'exécuter sans confusion, on suivra
la

la méthode des pavillons prescrite à la neuvieme regle ci-dessus, mais de la maniere que voici.

Si c'est l'avant-garde de l'armée sur une seule ligne qui est désignée pour être la seconde colonne, les vaisseaux qui la composent n'arboreront point de pavillon, mais le serre-file de la ligne mettra le n°. 1, et ceux qui le précedent mettront également leur numéro jusqu'au dixieme si l'armée est de trente-un vaisseaux ; celui qui précede le n°. 10 mettra aussi le n°. 1, et ceux qui le précedent mettront également le pavillon du numéro du poste qu'ils occupent dans cette ligne jusqu'au n°. 10, de façon que les onze vaisseaux qui restent de l'armée sont ceux qui doivent manœuvrer ensemble au signal fait pour la seconde colonne. Il en sera de même si c'est l'arriere-garde qui est destinée à devenir la seconde colonne dans l'ordre de la losange, avec cette différence que ce sera le vaisseau de tête qui arborera le pavillon n°. 1, et que ce seront ceux qui le suivent qui se conformeront à ce que je viens de dire sur l'ordre des numéros. On a déja vu, regle IX, ce qui concerne le corps de bataille à cet égard.

X I I I.

Lorsque l'armée sera rangée dans l'ordre de la losange réguliere, celle des deux colonnes paralleles qui se trouve le plus au vent de l'autre sera toujours nommée *la premiere colonne* et l'autre *la troisieme* ; celle qui est en tête de ces deux colonnes, dans quelque espece d'ordres généraux que ce soit de la losange, sera toujours nommée *la seconde :* par ce moyen il n'y aura jamais à se méprendre sur les ordres qui seront donnés pour l'exécution des évolutions.

X I V.

Chaque fois qu'une des colonnes de l'armée en losange devra passer à une position différente pour se former dans un autre ordre, le vaisseau de tête restera fixé dans le poste où il est, et ce sera le vaisseau qui suit qui deviendra le chef de file des vaisseaux de cette colonne pendant le mouvement.

G

X V.

Les colonnes désignées par la dénomination de *premiere*, *seconde* ou *troisieme colonne*, conserveront leur dénomination pendant qu'elles feront leur mouvement pour passer d'un ordre à un autre, jusqu'à ce qu'il soit achevé et qu'elles soient rangées dans le nouvel ordre.

X V I.

Si les trois colonnes cessent de se mouvoir dans l'ordre de la losange, soit pour se porter en avant ou en arriere, soit pour se porter au vent ou sous le vent, elles ne seront jamais composées que du nombre de vaisseaux qui leur est fixé, à moins que le général de l'armée ne juge à propos d'ajouter quelque vaisseau à une d'elles, auquel cas cela lui sera désigné par un signal particulier.

X V I I.

Lorsque l'on a décidé, sur la position où l'on apperçoit l'ennemi, quel est l'ordre de bataille que l'on doit préférer, on commencera toujours par se former dans les positions respectives de cet ordre, et l'on fera ensuite la route la plus convenable pour se rapprocher de cet ennemi ; de cette façon les vaisseaux des trois colonnes n'auront plus à faire qu'un même mouvement pour que l'armée soit en état d'attaquer ou de se défendre.

X V I I I.

Lorsque, dans l'explication d'une évolution, on se sert de cette expression, *forcer de voiles*, on entend que c'est se borner à faire toutes celles qui peuvent donner au vaisseau la vîtesse nécessaire pour exécuter régulièrement le mouvement et conserver l'ordre : il ne suffit donc pas d'ajouter quelques voiles, il faut mettre toutes celles que le vaisseau peut porter, et n'en diminuer qu'après que le vaisseau sera rendu à son poste.

Cet article doit regarder principalement les vaisseaux de l'armée qui marchent le plus mal, lesquels auront la plus grande attention à avoir toujours toute la voile qu'ils pourront porter, afin de ne causer aucun retardement et de conserver leur poste.

XIX.

Lorsque l'armée établie dans un des ordres de marche vire de bord tout à la fois, il seroit à desirer, pour la précision de l'évolution, que les vaisseaux pussent envoyer en même temps; mais comme dans ce moment commun il y auroit à craindre que les vaisseaux ne subordassent, aucun d'eux ne donnera vent devant avant que le vaisseau dont il sera immédiatement suivi n'ait largué l'écoute de son petit foque.

XX.

Lorsque, l'armée courant en échiquier sur une des lignes du plus près, le général voudra changer de bord, tous les vaisseaux de la ligne observeront de virer quand le mouvement de celui qui reste immédiatement au vent sera déterminé, comme il vient d'être dit.

XXI.

Dans une évolution lof pour lof par la contre-marche, l'objet capital est de se trouver à son poste après l'exécution du mouvement; d'où il résulte qu'il faut, autant qu'il est possible, parcourir les mêmes eaux que son chef de file, et c'est ce qui sera facile si l'on peut rendre les vîtesses égales en augmentant ou diminuant de voiles.

XXII.

Dans une évolution où tous les vaisseaux de la ligne doivent arriver en même temps, ceux de l'avant auront attention de n'arriver qu'après les vaisseaux qui les suivent immédiatement, afin d'éviter les abordages.

XXIII.

Lorsqu'on vire lof pour lof par la contre-marche, l'objet capital est de se trouver à son poste après l'exécution du mouvement; d'où il résulte qu'il faut, autant qu'il est possible, parcourir les mêmes eaux que son chef de file : c'est ce qui sera facile si l'on peut rendre les vîtesses égales en augmentant ou diminuant de voiles.

XXIV.

Quand l'armée vire, par la contre-marche, vent devant, les vaisseaux doivent être attentifs à virer exactement dans les eaux de leur chef de file sans alonger la ligne; d'où il suit qu'il ne faut pas attendre que le matelot d'avant soit établi à l'autre bord pour donner vent devant soi-même, et que, pour se trouver à son poste après avoir viré, il faut se régler sur un des vaisseaux établis au plus près à l'autre bord, s'il y en a qui y soient déja, ou juger d'un coup-d'œil la place qu'ils occuperont lorsqu'ils y seront établis.

XXV.

L'ordre ayant été troublé de façon à ne pouvoir plus le rétablir par un mouvement simple, les trois escadres se formeront sous une seule ligne pour passer ensuite à l'ordre de la losange; et, dans ce cas, le vaisseau le plus sous le vent de l'armée sera celui sur lequel les autres vaisseaux se régleront pour former cette ligne par ordre de vîtesse, ainsi qu'il est dit articles II, V, VI, VII, des regles générales, en prenant l'amure opposée à celle où il étoit.

Observations sur le partage de l'armée en escadres et divisions.

La maniere de former une armée en losange, que je propose, ne doit rien changer dans l'ordre de partage des armées tel qu'il a été usité jusqu'à présent. Il est vrai que la seconde colonne de cette armée en losange est composée d'un vaisseau de plus que chacune des deux autres; mais cela n'empêche pas que le partage de cette colonne ne puisse être fait dans les mêmes termes que celui des deux autres colonnes, c'est-à-dire par tiers, parceque le vaisseau de plus qui se trouvera dans cette escadre ou colonne y peut être considéré comme un vaisseau nécessaire de plusieurs manieres : la premiere, comme étant attaché à la colonne du centre de cette colonne pour la rendre plus forte dans cette partie; la seconde, comme un vaisseau isolé de cette armée, placé dans ce poste pour servir de guide à l'armée et de

vaisseau de tête à la premiere colonne et à la seconde alternativement, puisque la position de tous les vaisseaux de cette armée
se rapporte à la sienne, et qu'il marche alternativement à la tête
de la premiere et de la seconde colonne.

Ainsi donc, si l'on suppose une armée de soixante-quatre
vaisseaux de ligne, non compris les frégates, les brûlots et les
bâtiments de charge, chaque corps ou colonne sera considéré
de vingt-un vaisseaux : il y aura sept vaisseaux dans chaque colonne, et celui qui sera à la tête de la seconde colonne sera
considéré, si l'on veut, comme un vaisseau isolé mis dans cette
position pour remplir les fonctions que je viens de désigner;
ou bien ce sera le vaisseau du centre de cette colonne que l'on
pourra considérer comme un vaisseau de renfort momentanée,
ajouté à la colonne du centre (1).

Le général qui commande l'armée ne doit plus avoir de poste
particulier dans cette armée, selon les derniers ordres de Sa
Majesté, qui sont très parfaitement conformes au bien de son
service. Cela ne doit pas néanmoins changer l'espece des pavillons de commandement, ni les couleurs, tels que l'usage les
a déterminés: en conséquence il faut qu'une des escadres arbore
le pavillon blanc, et les deux autres le pavillon bleu, et le pavillon blanc et bleu dans les lieux qui leur sont fixés par cette
ordonnance, afin de pouvoir distinguer les commandants de
chaque escadre et de chaque division. Mais je ne crois pas qu'il
soit nécessaire qu'aucune de ces couleurs soit attribuée à aucune des escadres particulièrement, et je pense même qu'il est
à propos de laisser au général la liberté de désigner alternativement, et sans aucune regle prescrite, quelle est l'escadre de
cette armée qui doit arborer le pavillon blanc de commande-

---

(1) Lorsque les trois escadres d'une armée sont chacune égales en nombre de
vaisseaux, il y a aussi toujours dans chaque escadre une division plus forte que
les deux autres d'un ou de deux vaisseaux, si elles ne peuvent pas être divisées
juste en trois parties, comme dans une armée de vingt-huit ou vingt-neuf
vaisseaux, etc.

ment, parceque, dans quelques circonstances que ce puisse être, ce pavillon ne sauroit être compromis, à moins que tous les vaisseaux, frégates et autres bâtiments de l'armée ne fussent pris ou détruits.

Observations sur les positions les plus avantageuses où doivent être les vaisseaux, frégates, et bâtiments de transport attachés à une armée rangée en ordre de losange, soit en ordre de marche, soit en ordre de bataille, etc.

En ordre de marche, le général doit être en avant de l'armée, à peu de distance du chef de file de la seconde colonne et dans le lit du vent, avec le vaisseau de tête de la premiere colonne (Voy. *Fig.* 19).

Deux des frégates doivent observer la même regle et la même position par rapport au vaisseau de tête de la troisieme colonne et au serre-file de la premiere.

En ordre de bataille, le général, au contraire, doit être au centre de la losange, et deux des frégates doivent occuper le quatrieme côté de cette losange (*Fig.* 18).

Quant aux bâtiments de transport et aux flûtes, s'il en existe à la suite de l'armée, leur poste doit être sur une ligne du côté opposé à l'ennemi dans l'ordre de bataille, et, au contraire, ils pourront occuper l'espace circonscrit par la losange lorsque l'armée sera en ordre de marche et de convoi.

Dans toute autre circonstance ces bâtiments se tiendront dans les positions particulieres qui leur seront fixées, afin d'être à portée de distinguer les signaux et d'exécuter les ordres du général.

Enfin, lorsque l'armée passera de l'ordre de bataille à quelque ordre que ce soit, ou bien de quelque ordre que ce soit à celui de bataille, le vaisseau du général tiendra la panne et ne prendra les postes désignés ci-dessus qu'après l'exécution du mou. vement.

APPROBATION.

J'ai lu, par ordre de monseigneur le Garde des Sceaux, un manuscrit intitulé, *Nouvelle Tactique navale*, et je n'y ai rien trouvé qui puisse en empêcher l'impression. A Paris, ce 17 février 1787. BRALLE.

PRIVILEGE.

Louis, par la grace de Dieu, roi de France et de Navarre, à nos amés et féaux conseillers, les gens tenants nos cours de parlement, maîtres des requêtes ordinaires de notre hôtel, grand-conseil, prévôt de Paris, baillis, sénéchaux, leurs lieutenants-civils, et autres nos justiciers qu'il appartiendra, Salut. Notre bien amé le sieur vicomte de Grenier, chef de division de nos armées navales, nous a fait exposer qu'il desireroit faire imprimer et donner au public un ouvrage de sa composition, intitulé, *Nouvelle Tactique navale*, s'il nous plaisoit lui accorder nos lettres de privilege pour ce nécessaires. A ces causes, voulant favorablement traiter l'exposant, nous lui avons permis et permettons par ces présentes de faire imprimer ledit ouvrage autant de fois que bon lui semblera, et de le vendre, faire vendre et débiter par tout notre royaume: voulons qu'il jouisse de l'effet du présent privilege pour lui et ses hoirs à perpétuité, pourvu qu'il ne le rétrocede à personne; et si cependant il jugeoit à propos d'en faire une cession, l'acte qui la contiendra sera enregistré en la chambre syndicale de Paris, à peine de nullité, tant du privilege que de la cession; et alors, par le fait seul de la cession enregistrée, la durée du présent privilege sera réduite à celle de la vie de l'exposant, ou à celle de dix années, à compter de ce jour, si l'exposant decede avant l'expiration desdites dix années ; le tout conformément aux articles IV et V de l'arrêt du conseil du 30 août 1777, portant réglement sur la durée des privileges en librairie. Faisons défenses à tous imprimeurs, libraires, et autres personnes, de quelque qualité et condition qu'elles soient, d'en introduire d'impression étrangere dans aucun lieu de notre obéissance ; comme aussi d'imprimer ou faire imprimer, vendre, faire vendre, débiter ni contrefaire ledit ouvrage, sous quelque prétexte que ce puisse être, sans la permission expresse et par écrit dudit exposant, ou de celui qui le représentera, à peine de saisie et de confiscation des exemplaires contrefaits, de six mille livres d'amende, qui ne pourra être modérée pour la premiere fois, de pareille amende et de déchéance d'état en cas de récidive, et de tous dépens, dommages et intérêts, conformément à l'arrêt du conseil du 30 août 1777, concernant les contrefaçons : à la charge que ces présentes seront enregistrées tout au long sur le registre de la communauté des imprimeurs et libraires de Paris, dans trois mois de la date d'icelles ; que l'impression dudit ouvrage sera faite dans notre royaume et non ailleurs, en beau papier et beaux caracteres, conformément aux réglements de la librairie, à peine de déchéance du présent privilege; qu'avant de l'exposer en vente, le manuscrit qui aura servi de copie à l'impression dudit ouvrage sera remis dans le même état où l'approbation y aura été donnée ès mains de notre très cher et féal chevalier, garde des sceaux de France, le sieur de Lamoignon ; qu'il en sera ensuite remis deux exemplaires dans notre bibliotheque publique, un dans celle de notre château du Louvre, un dans celle de notre très cher et féal chevalier, chancelier de France, le sieur de Maupeou, et un dans celle dudit sieur de Lamoignon : le tout à peine de nullité des présentes; du contenu desquelles vous mandons et enjoignons de faire jouir ledit exposant et ses hoirs, pleinement et paisiblement, sans souffrir qu'il leur soit fait aucun trouble ou empêchement. Voulons que la copie des présentes, qui sera imprimée tout au long, au commencement ou à la fin dudit ouvrage, soit tenue pour dûment signifiée, et qu'aux copies collationnées par l'un de nos amés et féaux conseillers secrétaires foi soit ajoutée comme à l'original. Commandons au premier notre huissier ou sergent sur ce requis, de faire, pour l'exécution d'icelles, tous actes requis et nécessaires, sans demander autre permission, et nonobstant clameur de haro, charte normande, et lettres à ce contraires. Car tel est notre plaisir. Donné à Versailles le douzieme jour de juin, l'an de grace mil sept cent quatre-vingt-sept, et de notre regne le quatorzieme. PAR LE ROI, EN SON CONSEIL.
LE BEGUE.

Registré sur le registre XXIII de la chambre royale et syndicale des libraires et imprimeurs de Paris, n. 1093, fol. 259, conformément aux dispositions énoncées dans le présent privilege, et à la charge de remettre à ladite chambre les neuf exemplaires prescrits par l'arrêt du conseil du 16 avril 1785. A Paris, le 5 juin 1787.
KNAPEN, Syndic.

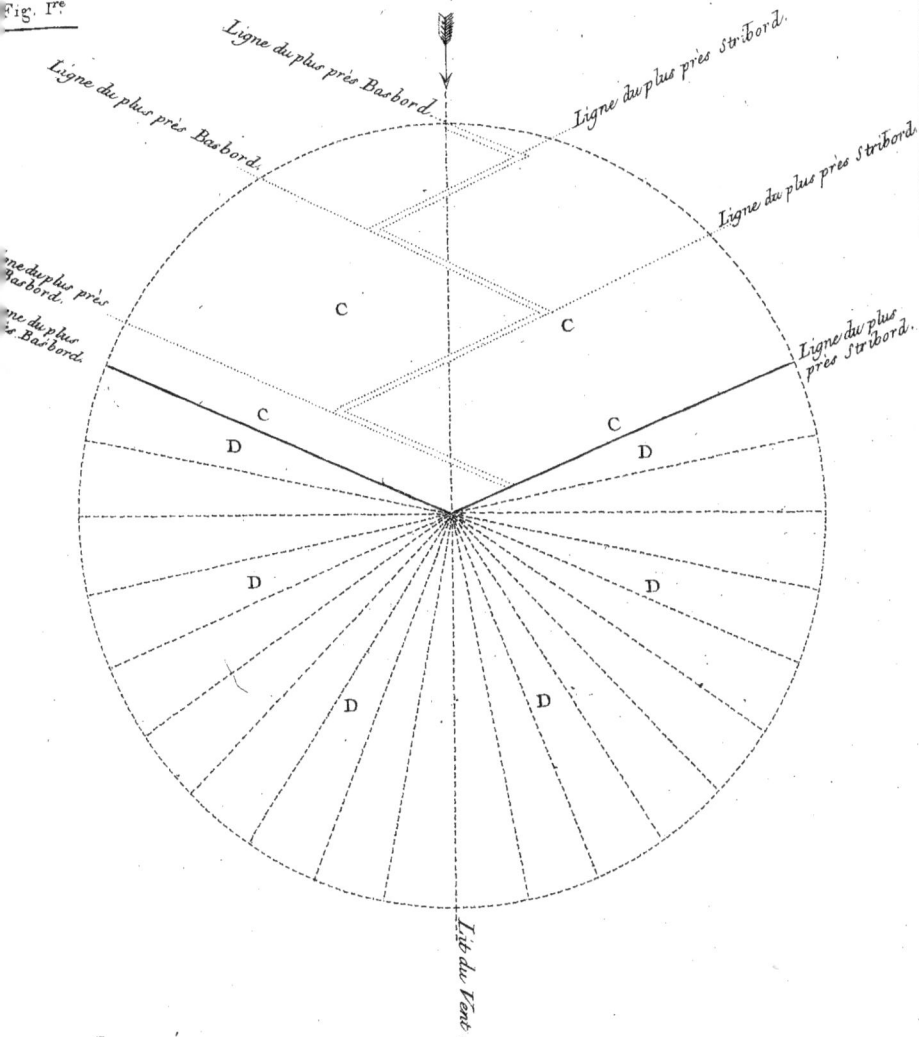

Fig. Ire

Ligne du plus près Basbord.

Ligne du plus près Basbord.

Ligne du plus près Stribord.

Ligne du plus près Stribord.

Ligne du plus près Basbord.

Ligne du plus près Stribord.

C   C

C   C

D   D

D   D

D   D

Lit du Vent.

Renvoi.

C Espace croisé et difficile.

D Espace direct et facile.

⟶ Direction du Vent.

Toutes les Lignes pontuées du centre de l'horison à la Circonférence, désignent les routes Larguës jusqu'au Vent-arrière ou le Lit du Vent.

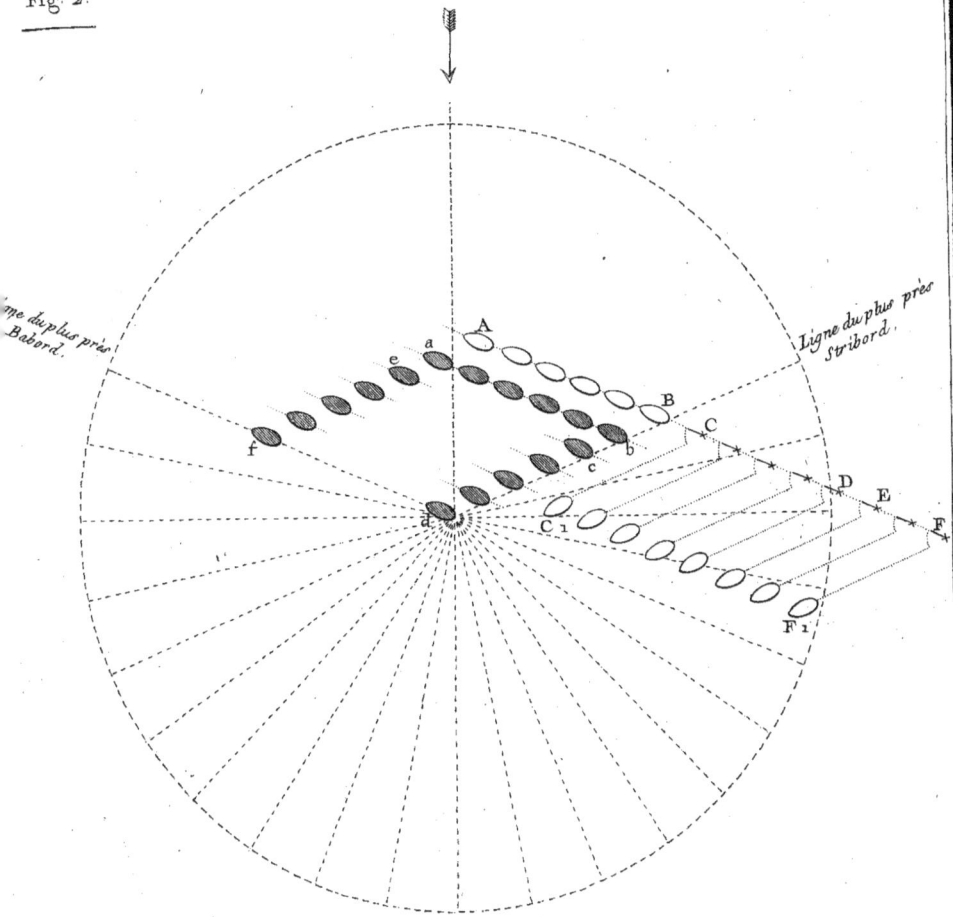

Fig. 2.ᵉ

Ligne du plus près Babord.

Ligne du plus près Stribord.

A

a

e

f

B

C

b

c

C₁

D

E

F

F₁

d

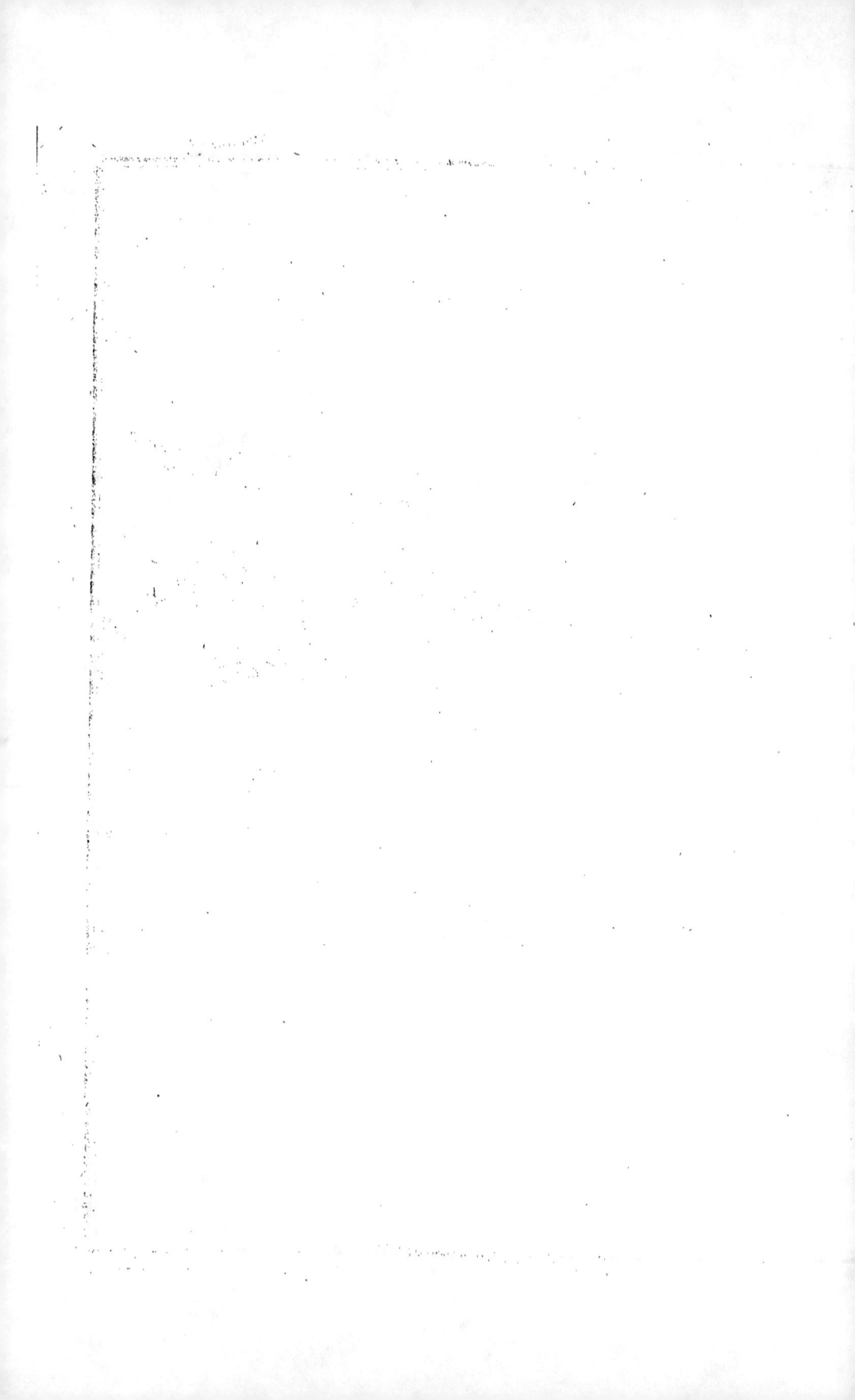

Fig. 3.ᵉ

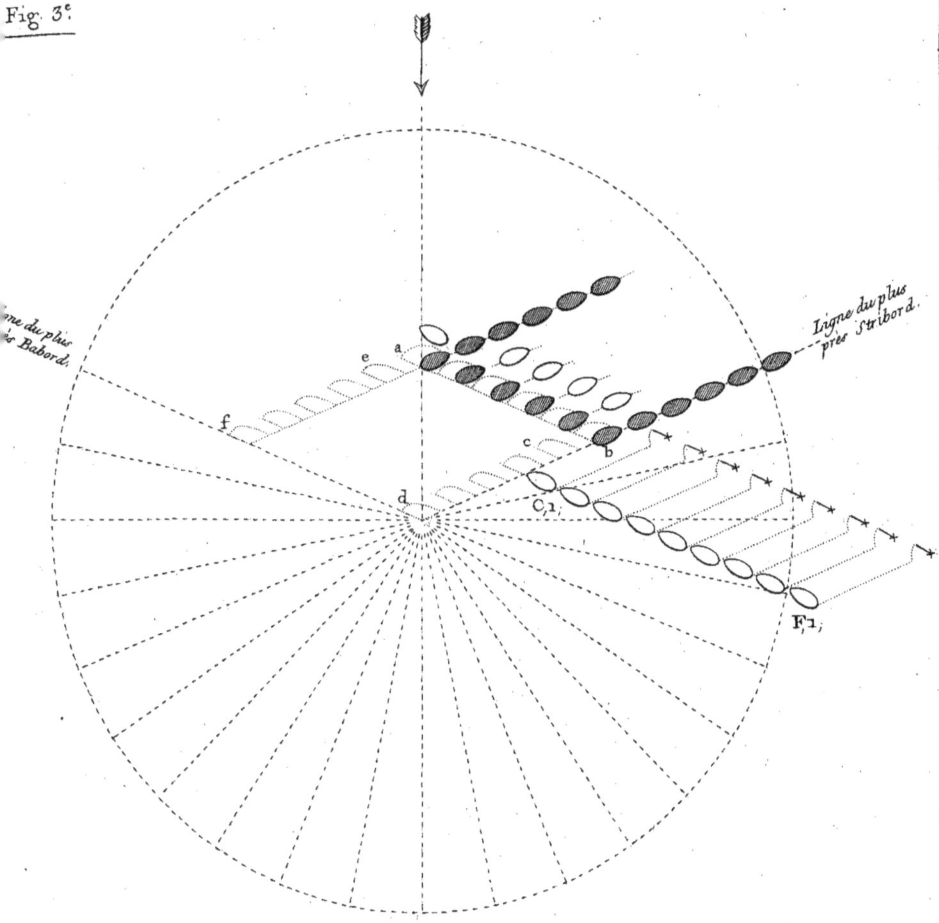

Ligne du plus
ne du plus · près Stribord.
o Babord.

e a

f

c

d C,1,

F1,

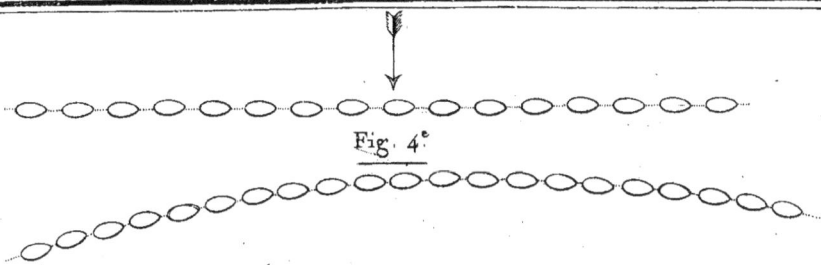

Fig. 4.ᵉ

Fig. 5.ᵉ   Fig. 6.ᵉ

Fig. 7.ᵉ

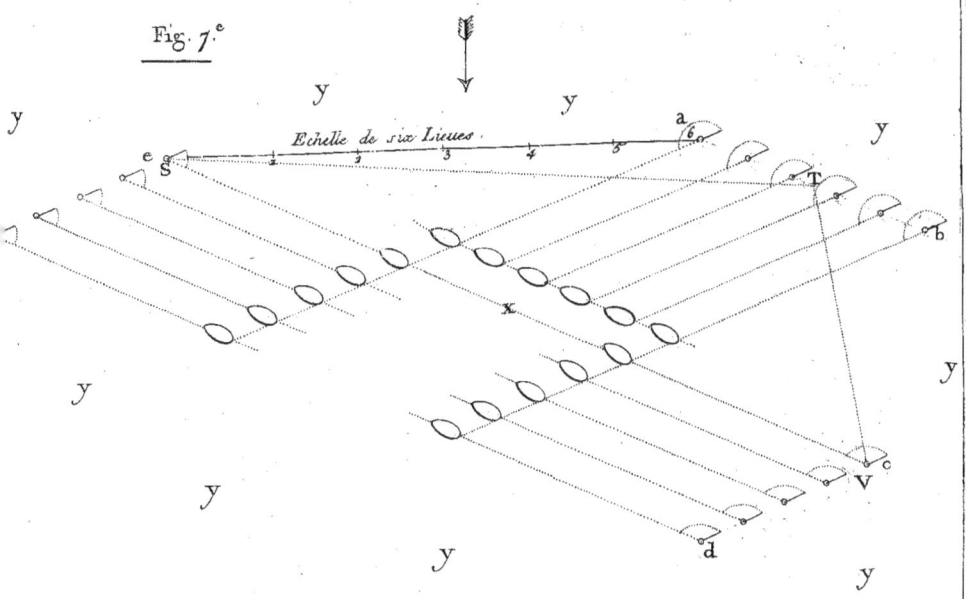

Echelle de six Lieues

Fig. 8.

Fig. 9.

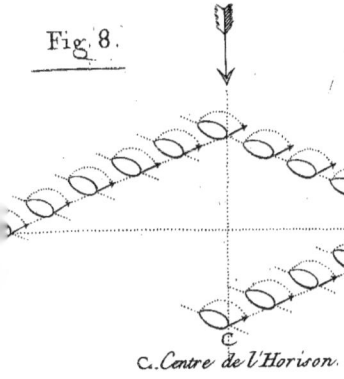

C. *Centre de l'Horison.*

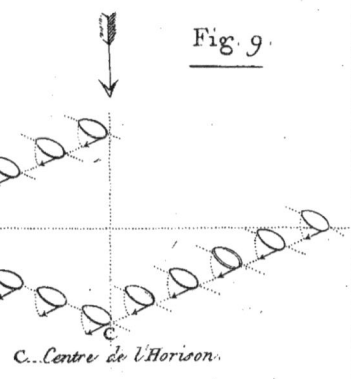

C... *Centre de l'Horison.*

Fig. 10.

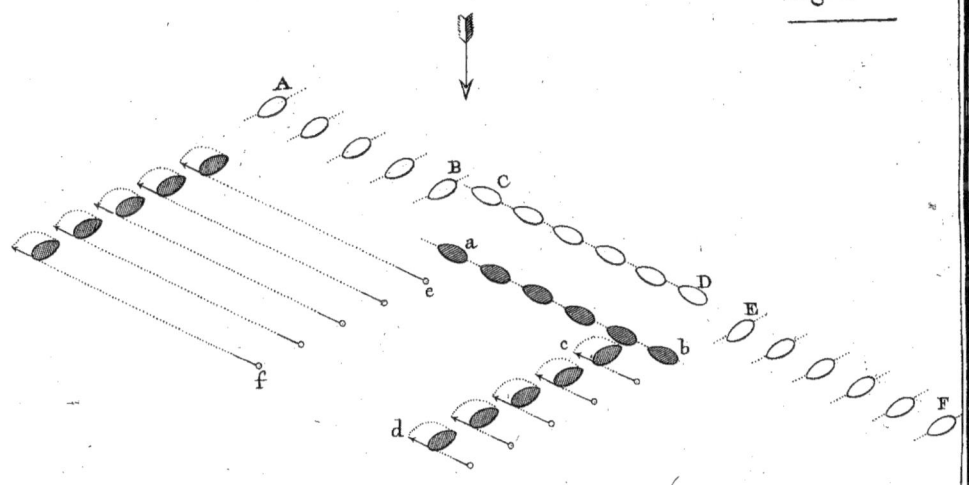

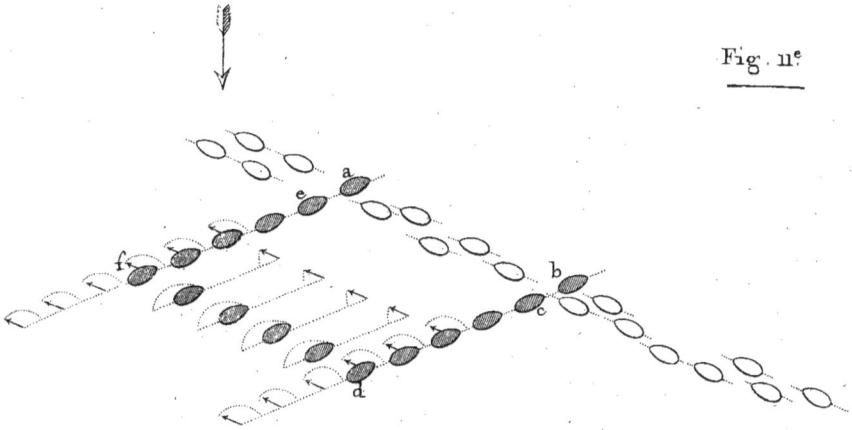

Fig. 11.ᵉ

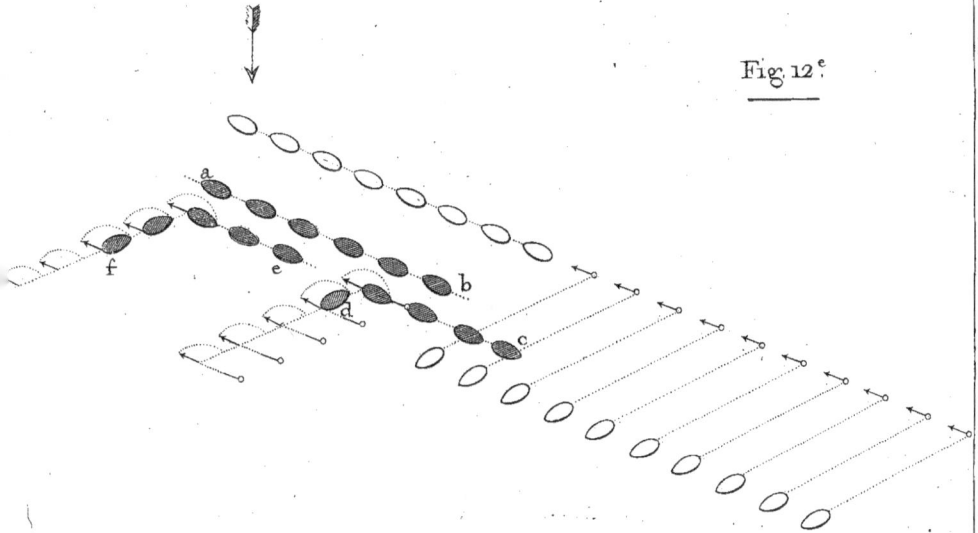

Fig. 12.ᵉ

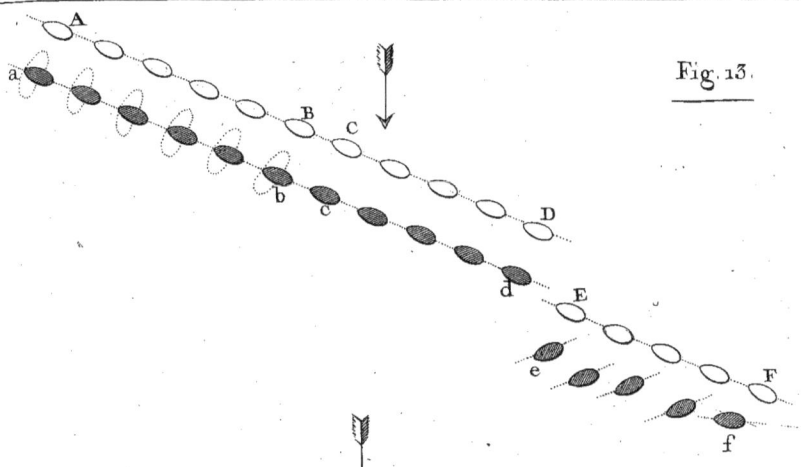

Fig. 13.

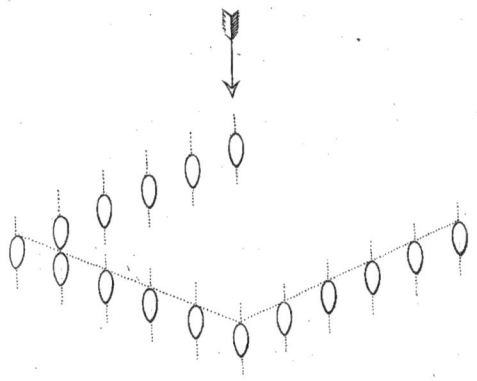

Fig. 14.

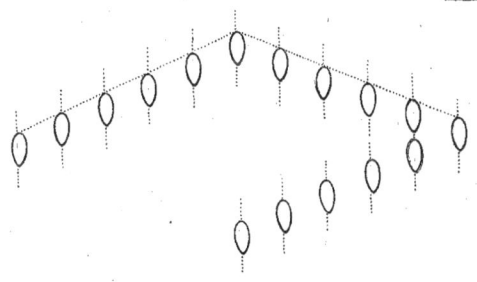

Fig. 15

Fig. 16.

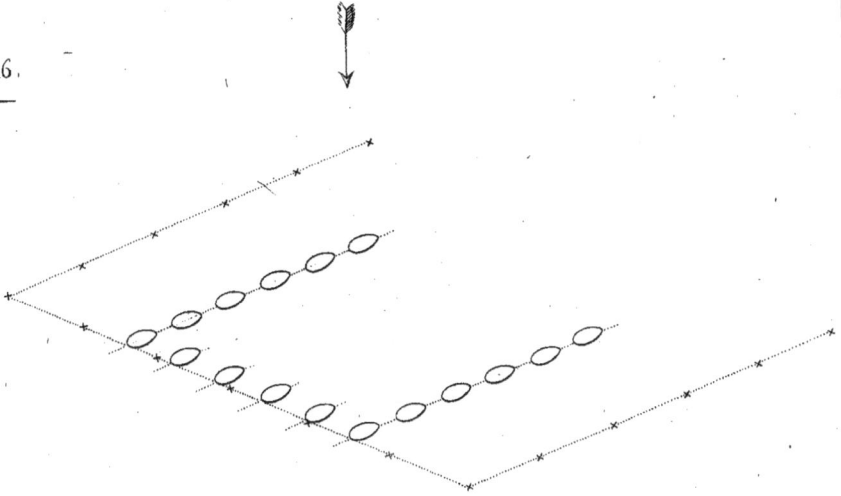

Fig. 17.

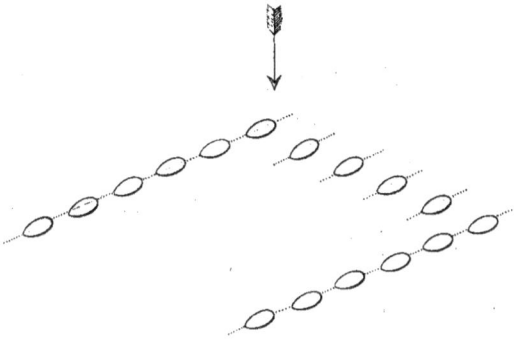

Fig. 18.

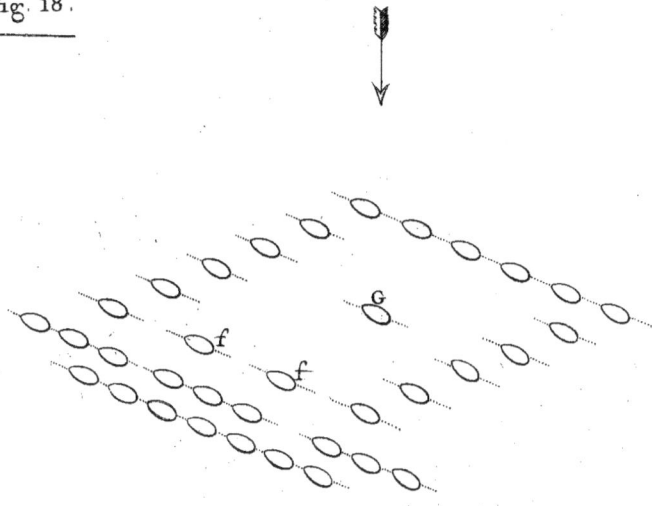

Fig. 19.

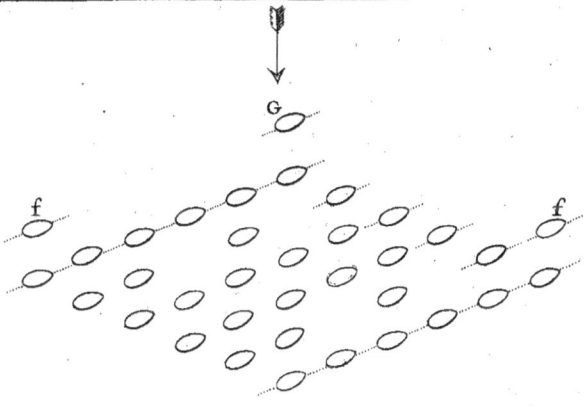